Chanoine Jules DIDIOT
DES FACULTÉS CATHOLIQUES DE LILLE

Contribution

philosophique

à l'étude des sciences

LILLE, DESCLÉE
1902

Contribution

philosophique

à l'étude des sciences

Avec permission de l'Autorité Ecclésiastique.

CHANOINE JULES DIDIOT
DES FACULTÉS CATHOLIQUES DE LILLE

Contribution

philosophique

à l'étude des sciences

LILLE, DESCLÉE
1902

PRÉFACE.

PRÉFACE.

La science et la philosophie se sont presque entièrement confondues jusqu'au XVIIe siècle. Alors elles se frayèrent chacune sa voie, sous l'influence de Bacon et de Descartes surtout. Elles avaient déjà eu des torts réciproques : on dirait qu'elles cherchèrent désormais à se nuire, et elles n'y réussirent que trop. Le positivisme, qui prétendait être à lui seul la science, voulut même bannir de l'esprit humain la philosophie. Fréquemment celle-ci usa de représailles au moins partielles, et parut se soucier fort peu de la science.

Nous assistons à un rapprochement qui deviendra bientôt, espérons-le, une réconciliation et même une association. Les positivistes n'ont jamais cessé de philosopher, sans consentir à l'avouer; maintenant ils ne s'en cachent plus guère, et la plupart vont jusqu'à la métaphysique, quand elle leur paraît utile ou intéressante à cultiver. Les savants spiritualistes reconnaissent, de leur côté, qu'ils ne peuvent se passer d'ontologie, de psychologie, de théologie naturelle; chrétiens, ils veulent y ajouter de la théologie surnaturelle, basée sur la révélation divine. Pour les philosophes, la nécessité de s'appuyer sur les sciences d'observation et d'expérimentation est chose actuellement évidente. Ils ne songent pas à recommencer les fâcheuses aventures de l'idéalisme ou du faux mysticisme. Ceux mêmes que le goût et la mode, plutôt que la raison et la conviction, entraînent vers le kantisme, ne consentent pas à rompre avec la science : ils souhaiteraient, au contraire, l'avoir toujours en leur camp.

Dans l'Église catholique, nous savons à quoi nous en tenir sur les conditions essentielles du traité de paix et d'alliance à négocier entre la philosophie et la science. Léon XIII, ce pape de grand génie et de suprême bon sens, nous a dit : Reprenez la philosophie traditionnelle qui remonte de Bossuet à saint Thomas d'Aquin, de saint Augustin à Socrate et à ses authentiques disciples. Dégagez-la des imperfections, des naïvetés, des erreurs, où le défaut de science positive, expérimentale, l'a trop longtemps laissée captive. Aux conclusions certaines des savants modernes, unissez les immuables principes des philosophes antiques ; vous obtiendrez ainsi un tout admirablement harmonieux et homogène, d'où jaillira la plus vive lumière ; le progrès philosophique et même scientifique y trouvera force et sûreté.

Des hommes de science comme les médecins Frédault, Woillez, Decès, Fournié, Chauffard, Surbled, — comme les sulpiciens Vallet, Farges, Guibert, — comme les jésuites Gruber, de Bonniot, Tilman Pesch, — comme Mgr Mercier, de Louvain, et M. le chanoine N. Boulay, mon savant collègue de Lille, — comme plusieurs professeurs ou écrivains tels que MM. Domet de Vorges et Gardair, ont puissamment préparé ou secondé la restauration demandée par Léon XIII. Ils ont notamment répandu et avivé, en beaucoup d'esprits, le désir de posséder quelque traité solide, mais sommaire, de philosophie complémentaire aux études scientifiques. *Celui-ci voudrait satisfaire à ce désir, quoique dans une très modeste mesure assurément.*

Ce n'est pas précisément un manuel *pour les classes de philosophie, ni pour les examens du baccalauréat. Il ne renferme pas toutes les choses indiquées dans les programmes officiels : ainsi, il parle peu de logique et de méthode, et il ne touche à la morale qu'en passant. Il n'explique pas les notions très élémentaires; il ne fait pas la revue des moindres systèmes; il n'analyse pas en détail toutes les théories qu'il admet ou rejette; il ne se préoccupe guère d'histoire, de biographie, de bibliographie. Il s'adresse à des esprits formés, ayant déjà cultivé les sciences, les étudiant peut-être encore, les enseignant même en des écoles supérieures. Aussi se permet-il une allure plus large, des procédés moins didactiques. Il se contente souvent de fournir des indications, des suggestions, des vues générales et des résultats sommaires : ses lecteurs feront très bien le reste.*

Il n'est pas une introduction *à l'étude des sciences ou de la philosophie. Il en serait plutôt le* complément : *non pas un complément apologétique, polémique, théologique, encore que ce pût être fort avantageux et intéressant d'en avoir de cette sorte; mais un complément psychologique, ontologique, métaphysique, sans lequel tous les autres manqueraient de profondeur et de solidité.*

Quoique destiné principalement aux professeurs de sciences et à leurs élèves, il pourra convenir à ceux de philosophie, de droit, de théologie ; et s'il les décidait, par son imperfection même, à reprendre son idée et son but pour les mieux remplir, il répondrait certainement alors à la plus intime ambition de son auteur.

Enfin il n'est pas le moins du monde un livre de curiosité, *mais une œuvre d'*exposition doctrinale, *ce qui ne veut pas dire de vulgarisation: car des idées vulgaires ou vulgarisées seraient peu dignes des hommes auxquels il s'adresse, et peu utiles à leurs travaux. Ils sont en droit de réclamer de lui, bien que sous une forme simple et en des dimensions restreintes, la vraie moelle du socratisme chrétien, également ennemi de la sophistique idéaliste et du matérialisme brutal.*

Les notes *mises au bas des pages auront elles-mêmes une portée doctrinale ; la* répétition *fréquente des principes, des doctrines les plus essentielles, sera chose voulue et calculée ; les* théorèmes *en fourniront l'énoncé, le résumé ; les* commentaires *en donneront un développement ou des applications en rapport avec le but que nous avons en vue.*

Un cœur d'ami nous a demandé ces pages : c'est leur principale excuse à nos yeux. Ne sera-ce pas aussi leur meilleur titre à la bienveillance du public ? Bien que nous estimions assez la vérité pour avoir le courage de l'affirmer, et celui de repousser l'erreur sans jamais la flatter ni la ménager, nous comprenons cependant fort bien les difficultés du vrai savoir et les imperfections de la raison humaine. Au cours de ce travail, nous avons plus que jamais constaté, et par expérience personnelle, combien sont grandes les unes et les autres. Il nous est donc aisé, nécessaire même, d'écrire ici des paroles de paix et d'union. Nous voudrions contribuer à éteindre des luttes, des méfiances, dont le monde intellectuel souffre depuis de longues années. Les principes certains que nous allons proposer sont de très pacifiante nature. Nos opinions, nos conjectures, n'ont assurément pas la même valeur ni la même efficacité : nous les croyons cependant utiles, elles aussi, à faire la lumière et l'union parmi les esprits de ce temps.

La seule voix qui puisse leur parler à tous, avec l'espoir fondé d'en être écoutée et respectée, — la voix de l'évêque de Rome, de l'universel pasteur, du pape Léon XIII, — leur a précisément offert de lumineux et pacifiques conseils dont nos philosophes et nos savants aimeront certainement à relire et à conserver le texte, ou plutôt l'analyse avec *des extraits textuels. De tels documents, au début d'un siècle nouveau, ne sont-ils pas la plus haute et la plus sage de toutes les contributions philosophiques à l'étude des sciences ?*

PRÉLIMINAIRES.

PRÉLIMINAIRES.

THÉORÈME I.

L'objet de la science proprement dite et de la philosophie est nécessairement un être *ou une* action; *aussi divisons-nous le présent traité en* deux parties: *la première expose, en* deux chapitres, *la synthèse puis l'analyse de l'*être; *la seconde, en deux chapitres aussi, considère synthétiquement puis analytiquement l'*action.

1. — La *science* au sens moderne, celle qui procède par voie d'observation, d'expérience, d'expérimentation, se trouve perpétuellement en présence de deux catégories d'objets : d'abord la catégorie de l'*être*, dont elle peut bien avoir négligé plus qu'il ne fallait la nature intime et la raison fondamentale, mais dont elle étudie nécessairement les dehors, les apparences ; puis la catégorie de l'*action*, du mouvement, du phénomène, dont elle se préoccupe avec tant d'ardeur et de succès, sans en avoir cependant surpris tous les secrets. — La *philosophie*, qui elle aussi est une science prenant son point de départ dans l'observation et dans l'expérience, mais se développant au-delà par le raisonnement et l'argu-

mentation, a de même pour objet l'*être* et l'*action ;* et elle ne saurait en avoir d'autre, car ce qui n'est pas n'agit pas, et ce qui n'agit pas ne se manifeste pas à la connaissance [1]. — Le programme de la *science* et le programme de la *philosophie* coïncident donc entre eux, et peuvent se superposer l'un à l'autre, quant à leur définition et à leur division générales.

2. — Pour riche que soit le domaine scientifique, l'exploitation n'en est pas suffisamment féconde, si l'on n'y emploie la philosophie. Sans le raisonnement intellectuel et le travail métaphysique, on ne connaît que la superficie des choses ; et les savants les plus illustres de notre temps se sont vus souvent obligés d'y recourir, pour approcher de plus près le fond de l'être et la loi du phénomène, dans toutes les régions du savoir humain. — Et puisque précisément nous voulons aider, par de sérieuses connaissances philosophiques, à l'étude si vaste et si importante des sciences, nous diviserons notre modeste travail en deux parties, l'*être* et l'*action*. — Ce que l'observation et l'expérience sensibles nous fournissent de certain, ou du moins de très vraisemblable, nous sert d'appui et de point de départ. C'est le sol assuré où nous bâtissons ; c'est le phare dont la lumière aide à notre exploration métaphysique.

1. Cette observation sera justifiée au *chap.* II de la IIe *partie*, *art.* 3.

Construire sur le sentiment, se diriger par l'imagination, est une méthode qui peut avoir des avantages littéraires, mais qui a donné les plus tristes résultats philosophiques et scientifiques. La philosophie, comme nous la comprenons, reçoit de la science autant qu'elle lui donne. Ce sont deux sœurs qui doivent être inséparables, pour se perfectionner mutuellement.

3. — La science est surtout faite d'analyses ; la philosophie, surtout de synthèses. Mais pourtant la science n'est véritablement forte que si elle est synthétique par l'emploi des principes ; et la philosophie n'est véritablement complète que si elle est analytique par de sages applications de ses théories générales. L'auteur de ce livre s'en est souvenu, et dans chaque partie, après un premier chapitre où il fait de la *synthèse*, il en consacre un deuxième à l'*analyse*.

PREMIÈRE PARTIE.

L'ÊTRE.

CHAPITRE I.
THÉORIE GÉNÉRALE.

ARTICLE I.
Ce que c'est que l'Être.

THÉORÈME II.

L'être est tout simplement quelque chose ; *à son degré le plus infime, c'est quelque chose de* purement subjectif, *de* purement imaginé *ou de* purement pensé, *incapable de recevoir la moindre existence hors de l'imagination ou de la pensée ; à un degré plus élevé, c'est quelque chose d'imaginé ou de pensé, mais* pouvant recevoir une existence *en dehors de cette imagination et de cette intellection subjectives ; à un degré plus haut encore, c'est quelque chose d*'existant réellement et objectivement, *bien que d'une façon limitée, finie, dépendante, imparfaite ; à son degré le plus sublime, l'être est quelque chose d'existant avec* pleine réalité, complète *objectivité et perfection absolue, sans nulle limite ni réelle ni possible, sans aucune dépendance de qui ou de quoi que ce soit.*

1. — Le mot le plus simple et le plus ample, le plus clair et le plus indéfinissable, est celui d'*être*. Si l'on ne peut le définir, à cause de sa simplicité et de son immensité mêmes, on peut classifier les significations qu'on lui donne dans le langage philosophique, scientifique.

2. — Il veut dire d'abord, et nécessairement toujours, *quelque chose :* — soit quelque chose n'ayant de réalité, n'étant actué, que dans le sujet pensant et parlant ; — soit quelque chose ayant sa réalité, son actuation, en dehors et indépendamment de ce sujet qui pense à cette chose et parle d'elle. De là, l'être *subjectif* et l'être *objectif*[1].

3. — Parfois l'être est si uniquement *subjectif*, qu'il ne peut pas devenir existant, actué, réalisé, objectif. Tels le *non-être*, le *néant*, le *mal*, souvent considérés par nous à la façon d'une chose qui existerait réellement ; tel encore l'*être abstrait*, conçu à part de toute détermination, de toute actuation, de toute perfection ; tel enfin l'*être commun* et *transcendantal*, pensé comme une sorte de catégorie illimitée et englobant tout ce qui est ou qui peut être. — Ce sont là *purs êtres de raison*, exclusivement subjectifs, incapables d'avoir ou de recevoir la réalité objective, l'existence. Une négation, une

---

1. L'être *subjectif* n'est que dans le *sujet* connaissant ; ce n'est pas un objet en dehors de lui. L'être *objectif* n'est pas seulement dans ce sujet : c'est un véritable *objet* de connaissance.

imperfection, une abstraction, une généralisation ou universalisation, ne sont pas des *choses* que même une force infinie puisse amener à l'existence. Il est contraire à toute expérience et à toute science d'admettre que le triangle en général, le manque de vérité ou de bonté, l'indétermination ou l'imprécision, prennent rang parmi les possibles et parmi les existences.

4. — Mais parfois aussi l'*être subjectif*, c'est-à-dire imaginé, pensé, désiré, est capable de devenir objectif, moyennant des conditions et des causes suffisantes. Il est alors *possible*, ou *en puissance* comme disaient les anciens; et sa possibilité, sa potentialité, est un commencement d'objectivité en tant qu'il est comme à l'état latent dans ses causes, et à moitié chemin entre le subjectif et l'objectif. Telle est la maison imaginée et voulue par l'architecte; tel, l'univers entier pensé et décidé par son éternel auteur : ils ne sont pas encore sortis de l'intelligence qui les contient et leur donne un être *subjectif;* mais ils peuvent en *sortir* et passer à l'existence [1] ou état de réalité *objective.*

5. — *Réalité* est un mot de formation latine [2] signifiant une *chose* ainsi sortie de la pensée du

---

1. Exister = *exsistere* = *(ex, sistere)* = placer au dehors. — Ici, et dans la suite de ces notes, nous donnons des *équivalences* de mots et de formules, non pas des étymologies proprement dites.

2. Réalité = *realitas* = état de ce qui est une chose = *res*.

sujet qui la concevait, et devenue un *objet* distinct de lui. C'est pourquoi les *possibles* ne sont pas encore des *réalités* proprement dites, mais plutôt des *demi-réalités*. Une fois sortis du sein de leurs causes et devenus des réalités entières, des choses complètes en leur genre, ces mêmes possibles sont des *existences*, des *êtres existants*, dont le nom même signifie cette sortie, cette actuation, cette réalisation objective.

6. — Le fait d'avoir été contenu dans une cause, d'avoir été soumis à des conditions pour en sortir, d'avoir été d'abord seulement subjectif avant de passer à l'état objectif, implique une essentielle et indélébile imperfection dans toute existence créée : son *être*, sa *réalité*, son *actuation*, ne sont pas choses absolument complètes. Au-delà et infiniment au-dessus de leur catégorie, nous entrevoyons spontanément un *être* qui n'eut jamais de causes ni de conditions ; qui ne dépendit jamais de rien ni de personne; qui de toute éternité, de toute nécessité, eut toute la réalité, toute la perfection, dignes de lui et compatibles avec son infinie valeur ; qui est la première cause, le premier moteur, la fin suprême de tout le reste; qui par conséquent mérite de s'appeler actuation, réalité, chose, perfection, être enfin, dans un sens absolument transcendant et incommunicable. Il *est* plutôt qu'il n'*existe*, parce qu'*exister* dit une relation à un principe antérieur,

dont cet *être* infiniment nécessaire et indépendant exclut catégoriquement l'influence sur lui. Il ne doit rien, et n'a rien reçu. Il n'est débiteur à l'égard d'aucune autre réalité, d'aucune autre existence.

7. — Le moment n'est pas encore venu, — il viendra à l'article de la *connaissance humaine* [1], — d'examiner si l'*être*, c'est-à-dire *quelque chose*, est vraiment *quelque chose* à ses divers degrés; si le *sujet* sentant et pensant est quelque chose ; si l'*objet* senti et pensé est quelque chose; si la *sensation* et la *pensée* sont quelque chose ; si le *moi* et le *non-moi*, l'*homme* et son *entourage*, sont enfin quelque chose. Mais dès maintenant nous pouvons observer que toutes ces questions reviennent à celle-ci : Ce *quelque chose* est-il *quelque chose*, et l'*être* est-il l'*être ?* La réponse est nécessairement *oui :* et si quelqu'un répondait *non*, il n'aurait plus aucun droit à paraître dans la compagnie des autres hommes. Quiconque, en effet, nie que A = A, ou que zéro = zéro, demande équivalemment à être enfermé.

8. — Le bénéfice de cette observation peut s'étendre aux données qui servent de base à la doctrine exposée jusqu'à la fin de notre *première partie :* car ces données sont des *faits*, auxquels on ne saurait dénier réalité ou certitude, sans se convaincre soi-même d'inaptitude complète au raisonnement, à

---

1. II*e partie, chap.* II, *art.* 3.

la science. Quant aux interprétations que nous en donnons et aux conséquences que nous en tirons, la plupart nous semblent se justifier d'elles-mêmes au tribunal du bon sens et de la logique naturelle [1].

[1]. Nous avons dit, dans notre *préface*, que nous n'écrivons pas un *manuel* dont tous les mots et raisonnements doivent être expliqués.

ARTICLE II.

L'Accident et la Substance.

THÉORÈME III.

Dans l'être qui existe et n'est pas infiniment parfait, la sensation et la pensée nous font discerner un élément accessoire, *souvent* transitoire *et successif, qu'on nomme l'*accident ; *et sous celui-là un élément* fondamental, *qu'on appelle* substance, *parfois aussi* nature *ou* essence, *et dont la* permanence, *la* durée, *est indispensable à l'existence plus ou moins prolongée de l'être tout entier et de son activité.*

1. — *L'être infiniment parfait* dont nous parlions tout à l'heure, et dont nous établirons plus tard la réalité pleinement objective, est absolument *simple*, comme nous le montrerons au même endroit [1] : aussi ne peut-on distinguer en lui les deux éléments que nous venons d'énoncer [2].

2. — Mais toute autre existence, à commencer par la nôtre, les renferme nécessairement. Cette

---

1. Ire *partie*, *chap*. II, *art*. 4.
2. En quel sens on parle de *substance* et de *nature* en Dieu dans la théologie chrétienne, nous l'indiquons plus loin ; cette formule n'implique nullement la corrélation de qualités *accidentelles* dans l'être infini.

plume, dont je me sers pour écrire, s'échauffe et se refroidit, s'allonge et se rapetisse, est en repos ou en mouvement : et pourtant c'est bien la même plume, en laquelle se produisent et s'appuient des phénomènes, des états, des actes, qui ne lui sont pas nécessaires, mais à qui elle l'est. Comment douter de la réalité d'une distinction si évidente ? — Moi-même je pense à ce que j'écris ; hier je n'y pensais pas, et dans quelques minutes je n'écrirai pas. Penser, écrire, sont bien *à moi*, mais ne sont pas *moi;* j'étais auparavant, je serai après ; mais si je n'étais pas, ces actes de penser et d'écrire ne pourraient se produire. — La *chose* ou *l'être qui demeure sous* cette variété et cette succession d'états ou d'actes, de perfections ou d'imperfections, mérite bien le nom de *substance* [1] ; et la chose, l'être, qui *passe* sur le fond, ou si l'on veut sur le champ et la surface de la substance, mérite bien d'être appelé *accident*[2], c'est-à-dire *adventice, accessoire, inhérent, supporté* par une base sans laquelle il ne pourrait naturellement être [3].

---

1. Substance = *substantia* = *(sub, stare)* = *se tenir dessous.*
2. Accident = *accidens* = *(ad, cadere)* = *s'ajouter à.*
3. La réalité vraiment objective de certains accidents, de la quantité et de l'étendue matérielles notamment, permet à la toute-puissance divine de les faire subsister à part de leur substance, si des motifs dignes de la sagesse infinie justifient ce fait supranaturel. Le dogme catholique de l'eucharistie est ici en contact avec la philosophie et la science, et il leur procure des approfondissements et des lumières dont elles peuvent largement bénéficier.

3. — On a parfaitement dit que l'accident est
« l'être d'un être », ne s'appartenant pas et ne se
supportant pas dans l'existence, n'étant pas précisément « une chose à soi et en soi », mais « quelque chose d'une autre chose ». Gardons-nous donc
de considérer *l'accident*, *l'accidentel*, comme une
substance inférieure ajoutée à une substance d'importance ou même d'ordre supérieurs. Ce n'est
pas un vêtement, une enveloppe, une écorce ou
un épiderme, au moyen desquels se cache et se
révèle tout à la fois la *substance*, le *substantiel*. Mais
c'est réellement quelque chose d'une chose qui n'est
pas tout entière permanente, tout entière durable,
et dont l'élément transitoire, successif, s'appelle autrement que l'élément stable et persistant. Si une
molécule matérielle s'échauffe d'un degré, la chaleur
qui lui survient n'est certes pas un corps secondaire
s'associant à elle ; mais c'est un état, un mouvement,
qui se produit en elle, s'unissant intimement avec
elle sans être cependant tout à fait elle [1].

4. — La substance finie n'est donc pas ce fétiche
extraordinaire, cette idole invisible, que plusieurs
imaginent renfermée dans une arche mystique, ou
plus vulgairement dans un coffre-fort incrochetable

---

[1]. Cette manière de voir, commune parmi les physiciens actuels,
est en accord avec celle des anciens, qui croyaient sans doute
à la fausse substantialité du feu, mais considéraient la chaleur
comme un de ses effets *accidentels*.

et infrangible. Pas du tout. Elle nous est accessible dans l'accidentel ; nous arrivons par lui jusqu'à elle, lorsque nous constatons spontanément ou scientifiquement que tout ne change pas en elle, quoique beaucoup de choses y changent, y passent et s'y succèdent [1].

5. — Pourquoi donc n'admettrait-on pas cette substance *permanente*, et jusqu'à un certain point *latente*, quand on admet très couramment qu'un phénomène, un état, un mouvement, un accident enfin, *durent* plus ou moins de temps, et *contiennent* en quelque façon la loi et la raison de leur production, de leur apparition [2] ? — Que l'on soit désagréablement préoccupé des conclusions logiques où cette doctrine aboutit nécessairement, préoccupé par exemple de l'existence de l'âme humaine et du principe divin, c'est possible, si l'on veut à tout prix être matérialiste. Mais pourquoi le vouloir *a priori*, et se laisser guider par la passion dans un domaine

---

[1]. Il est très exact que la *substance* distinguée de l'accident est inaccessible à nos *sens*, à nos *sensations*. Mais elle est accessible à notre *raison*, à nos *raisonnements*. — Ce qui est vrai de la substance l'est aussi de l'*essence*, dont nous parlons à la page suivante. — Il est encore très vrai que notre raison les connaît *imparfaitement* ; mais l'imperfection n'est pas l'ignorance absolue, bien moins encore la fausseté. Voir *théorème* XXIII.

[2]. La *durée* des phénomènes sensibles ne saurait être niée par personne. Personne non plus, spiritualiste ou même positiviste, ne peut nier qu'il y ait en eux quelque chose qui les fait apparaître et durer plus ou moins longtemps.

nettement scientifique, où la raison seule est vraiment compétente ?

6. — La *substance*, soit corporelle soit spirituelle, reçoit fréquemment le nom de *nature* ou celui d'*essence*, parce qu'elle est le *principe* d'où il semble que tout l'*être* jaillisse comme d'une source intérieure et permanente [1]. — Tout ce qui *est* de quelque manière a donc une *essence ;* et par conséquent les accidents eux-mêmes ont la leur, qu'il ne faut pas confondre avec la *substance* à laquelle ils adhèrent. Ainsi, la science du grec n'est qu'un accident par rapport à la personne sachant cette langue ; mais, dans ce savoir, il y a des parties *essentielles* et *principales*, comme les déclinaisons et conjugaisons. — Ainsi encore, le mouvement matériel ou immatériel n'est qu'un accident relativement aux corps ou esprits en mouvement ; et pourtant on distingue, dans ce mouvement même, sa nature qui le constitue essentiellement, et ses qualités secondaires, par exemple sa vitesse constante ou accélérée, qui font de lui tel ou tel mouvement particulier. — Le mot de *substance* n'est donc pas d'une signification si étendue que ceux de *nature* et d'*essence*, si l'on veut parler

---

[1]. Nature, mot dérivé de *nasci* = naître. — Essence, mot dérivé de *esse* = ce qui constitue intimement l'*être*. — Au-dessus de la nature, de l'essence, de la substance, de ce qu'elles peuvent spontanément désirer ou acquérir, se trouvent le supranaturel, le préternaturel, le surnaturel, dont nous traiterons ultérieurement. Voir IIe *partie, chap.* II, *art.* 5.

avec une rigoureuse exactitude : mais on ne le veut et on ne le fait pas toujours [1].

1. Dans la philosophie moderne et kantiste, il est souvent question de *chose en soi* ou *noumène* (=objet de la connaissance intellectuelle), et de *phénomène* (=apparition sensible). Comme la *substance* se manifeste plus ou moins par l'*accident*, on pourrait appeler celle-là *noumène* et celui-ci *phénomène*, moyennant des explications et réserves nécessaires. — Dans la dogmatique chrétienne, les expressions de *substance*, de *nature*, d'*essence*, sont employées pour désigner cette *chose infinie*, cet *être absolument parfait*, qui est la *divinité même* et qui est indivisément possédé par trois personnes ou hypostases *relatives entre elles*, le Père étant relatif au Fils, le Fils au Père, le Père et le Fils à l'Esprit-Saint. Evidemment ces trois divines personnes ne jouent aucunement le rôle d'*accidents* par rapport à la substance divine. Ce dogme de la Trinité a singulièrement contribué au développement de la vraie philosophie touchant les notions fondamentales d'*être* et d'*essence*, de *substance* et de *nature*, d'*hypostase* et de *personne*.

ARTICLE III.

L'Unité et la Composition.

THÉORÈME IV.

L'être infini, *absolument* nécessaire *et* tout-puissant *est d'une* simplicité *également absolue qui exclut toute composition d'éléments et de parties ;* la substance spirituelle finie *n'est pas nécessaire mais* contingente, *pas toute-puissante mais* limitée *dans sa capacité, pas complètement simple mais* composée *en diverses manières et pouvant entrer* en composition *avec d'autres êtres finis ;* la substance corporelle *s'éloigne davantage encore de l'être infini, — et dans toutes les compositions où elle peut entrer et qui peuvent entrer en elle, on doit distinguer deux éléments réellement différents, l'un plutôt* passif *et traditionnellement appelé* matière première *ou* secondaire, *l'autre plutôt* actif *et corrélativement nommé* forme substantielle *ou* accidentelle ; *de l'élément proprement* matériel *procèdent la* quantité *et la* quotité, *l'étendue et l'*espace, *la* divisibilité *et le* nombre ; *de l'élément proprement* formel *dérivent l'*unité *et la* durée *qui de très loin imitent, dans l'ordre physique, l'unité et la durée de l'ordre immatériel et métaphysique ; enfin, du point de vue pour ainsi dire* social *et* juridique, *l'unité de l'être existant en soi et agissant à part soi lui* *confère les noms de* suppôt, *d'*hypostase, *de* personne ; *tandis que la* composition *ou la* dépendance *qui le relient à un autre être l'empêchent d'être ainsi dénommé, et le laissent dans la simple catégorie des* natures, *des* substances, *des* parties *de nature ou de substance, voire même des choses seulement* accidentelles.

1. — Nos sens externes et internes nous mettent continuellement en rapport avec les êtres limités et *finis*[1]. Notre raison nous suggère la possibilité d'abord, ensuite l'existence et la nécessité d'un être *infini* en toute perfection, spécialement en *toute puissance* active et positive[2].

2. — Cette *totalité infinie* ne peut résulter d'une addition, d'une composition quelconque : car les composants ou éléments d'un *tout* sont nécessairement finis[3]. Le *tout* divin est donc essentiellement

---

1. Fini = *finis* = limite ou barrière. Infini = *infinitas*, = (*non, finis*) = sans limites ni barrières. Indéfini = (*in, de, finis*) = ce qui n'est pas circonscrit et précisé par des limites fixes.

2. L'*infini* dont nous parlons ici, et qui est vraiment tel, n'est pas le moins du monde l'*indéfini*, ou *l'infiniment grand* et l'*infiniment petit* des mathématiciens : car ce sont là des *êtres de raison* tout simplement ; et comme ils n'existent pas et ne peuvent pas exister, ils manquent de l'élément le plus essentiel et le plus indispensable à l'être *infini*. Ce qui n'a pas l'existence et ne peut l'avoir est justement le contraire de ce qui *est* sans fin et sans mesure.

3. En effet, un composant *infini* ne saurait s'ajouter à un composant *fini* qui est d'une catégorie absolument différente, ni d'ailleurs à un autre composant *infini* qui ne peut pas exister simultanément

NOTIONS GÉNÉRALES. 23

simple, excluant absolument les divisions et successions, les évolutions et gradations, qui entrent dans un *tout* créé quel qu'il soit. Donc, il n'y a en Dieu rien de *possible* et de *contingent* d'abord, qui se réalise ensuite : mais tout y est *nécessaire*[1]. Il n'y a en lui aucune *puissance*, d'abord inactive et latente : mais il est une *toute-puissance* toujours agissante, dans l'unité parfaite d'un acte identique à son essence[2].

3. — La *substance spirituelle finie*, — qu'elle ne soit pas réellement unie à un corps, et qu'elle reste un pur et angélique esprit, — ou qu'elle soit naturellement et substantiellement destinée, ainsi que l'âme humaine, à informer un corps organisé, — n'a pas *en elle-même* de parties ni d'éléments dont elle résulte à la façon d'un mixte ou d'un composé ; la preuve en est, nous le dirons plus loin avec détail[3], que l'esprit, même uni à un corps, a des opérations

---

avec le premier : l'*infini* ne se multiplie pas et ne s'additionne pas. Quand la théologie catholique parle du dogme de l'Incarnation, elle a soin de montrer qu'il n'y a pas de *composition* proprement dite, entre la nature ou la personnalité divine et la nature humaine, dans le Verbe incarné.

1. Possible = *potens esse* = ce qui *peut* exister et aussi ne pas exister. — Contingent = *contingens* = ce qui est facultatif et non pas nécessaire. — Nécessaire = *non esse non valens* = ce qui ne peut pas ne pas être.

2. Tout-puissant = *totaliter potens* = puissant autant que l'infini peut l'être.

3. Ire *partie, chap.* II, *art.* 3.

tout à fait simples qui ne peuvent pas être le fait d'une puissance composée. — Ne méconnaissons pourtant pas la distinction de la *possibilité* et de l'*existence*, qui se rencontre en toute substance *finie*. L'âme, par exemple, n'est pas totalement et uniquement *existante :* elle fut longtemps *possible* et rien de plus ; elle pourrait être anéantie, et redevenir simplement possible ; elle n'est donc pas nécessaire comme nous verrons que l'est le *créateur ;* ainsi paraît-elle composée de possibilité et d'actualité, ou d'essence et d'existence. Mais ce n'est pas la distinction ni la composition de deux termes également actuels et réels, puisque le posssible n'est pas proprement et complètement un être, une essence, ni surtout une existence.

4. — Si la *substance spirituelle finie* n'est point composée, elle peut cependant entrer en composition avec un corps organisé, pour former avec lui une seule nature complexe, — comme on le voit dans l'homme, qui est un seul être réel mais non pas simple, et qui, sous ce rapport, est absolument différent des purs esprits, dont la nature est tout autrement simple [1]. — De plus, et nécessairement, chaque substance spirituelle finie, celle de l'ange

---

1. Cette composition de la substance spirituelle finie avec un corps qu'elle informe et régit, ne peut se faire qu'avec un corps *organisé*, comme déjà l'ancienne philosophie socratique l'avait observé. Et la raison en est que cette composition doit s'établir entre deux

et celle de l'homme, se complète par des perfections, des opérations, des associations, des collaborations, accidentelles et innombrables, — qui achèvent de discerner les anges l'un de l'autre et les âmes entre elles, — et qui, avec ces natures soit angéliques soit humaines, forment des *composés de substances et d'accidents* auxquels la simplicité infinie de Dieu fait évidemment défaut.

5. — Les *substances corporelles*, organiques ou inorganiques, corps *simples* ou *composés* au sens chimique des modernes, s'unissent évidemment à d'innombrables accidents corporels dont elles sont le sujet, le support, et auxquels elles doivent en grande partie de se distinguer des substances qui leur sont homogènes, c'est-à-dire qui sont de même composition et de même genre qu'elles. — Elles se combinent ou se mêlent aussi avec des *corps hétérogènes* relativement à elles, constituant par là de nouvelles substances ou nouveaux corps au sens vulgaire du mot [1]. — Mais, simples ou composées, elles résultent de l'union de deux éléments ultimes que la philosophie démontre, et dont les sciences

---

éléments de catégories au moins analogues, et que l'élément *spirituel* étant essentiellement *vivant*, l'élément *corporel* doit l'être aussi : or, les corps vivants sont essentiellement *organisés*.

1. Nous verrons bientôt *(théorème VIII)* la différence profonde qu'il y a entre la substance corporelle au sens philosophique, et la même au sens vulgaire.

physiques ne méconnaissent pas la distinction probable [1].

6. — L'un est pour ainsi dire *maternel*, suivant la signification du nom de *matière* [2]. C'est d'abord la *matière première :* pure potentialité plutôt que réalité et actualité, elle paraît apte et indifférente tout ensemble à entrer dans n'importe quelle catégorie de corps inorganiques et organiques, servant par conséquent de lien commun et de *substratum* à leurs combinaisons ou transformations substantielles. — C'est ensuite la *matière seconde :* déjà spécifiée et affectée à telle catégorie de corps simples ou composés, mais encore apte et indifférente à des précisions, des déterminations et des emplois ultérieurs, elle est un peu comme la cire, qui, déjà constituée chimiquement, peut ultérieurement prendre telle ou telle figure et couleur.

7. — L'autre élément des corps, — élément pour ainsi dire *paternel*, source de perfection et de détermination, s'appelle en philosophie la *forme* [3]. — C'est d'abord la *forme substantielle* des corps simples ou composés, forme *essentielle, spécifique, active*

---

1. On n'entendrait rien à la doctrine philosophique des anciens, à la science théologique même actuelle, au langage encore parlé par des savants très éclairés, si l'on n'avait quelque idée exacte de la théorie exposée dans les numéros suivants.

2. Matière = *materia* = *mater* = mère.

3. Forme = *forma* (μορφή) = principe d'ordre et de beauté.

sans laquelle ni l'hydrogène et l'oxygène par exemple, ni leur composé, ne seraient point de l'hydrogène, de l'oxygène, de l'eau, mais quelque chose d'initial, d'indistinct, que les savants modernes ont eux-mêmes parfois conjecturé, entrevu, comme le *substratum* universel de la matière cosmique. Nous reviendrons sur cette conjecture assez intéressante[1]. — C'est ensuite la *forme accidentelle* des corps, le mouvement, l'opération, le phénomène actif quel qu'il soit. Elle complète le corps essentiellement formé, ou, comme on dit, *substantiellement informé*. Elle correspond à la *matière seconde*, de même que la forme substantielle à la *matière première*.

8. — Toujours les corps se manifestent à nos sens avec des *dimensions*, par conséquent comme *étendus* et comme occupant une certaine quantité de l'étendue universelle, plus imaginaire que réelle, ordinairement appelée *espace*, ou *espaces illimités* et *indéfinis*[2]. — Sur l'étendue réelle se greffent des accidents géométriques tels que la *figure* ; et

---

1. *Page* 57. — Bien qu'analogue à la composition de la *possibilité* avec l'*existence* dans *tous* les êtres finis, la composition de la *matière première* avec la *forme substantielle* en est profondément différente et ne convient qu'aux êtres *corporels*. — En philosophie, la *forme* ne signifie donc pas la même chose qu'en géométrie ou qu'en morphologie, où elle exprime la notion de *figure*, de surface déterminée par telles ou telles lignes.

2. Sur l'étendue et l'espace, voir aussi *pages* 47-48, 55, 59, etc.

ce groupe, — qui semble plutôt inerte qu'agissant, doit logiquement se rattacher à l'élément passif ou à la *matière première*, comme à son principe et à sa source.

9. — Toujours aussi les corps se manifestent à nos sens avec une *énergie* qui leur permet, par exemple, de provoquer nos sensations, de s'attirer ou repousser mutuellement, de s'agréger ou désagréger chimiquement, de garder avec plus ou moins de succès leur autonomie, d'avoir ainsi une durée plus ou moins longue ; et tout ce groupe, — qui semble principalement actif et opérant, se rattache logiquement à l'élément formel et positif des corps, à leur *forme substantielle*, comme à sa racine et à son immédiate origine.

10. — Dans les *corps*, nos sens perçoivent l'*unité* de l'être,— et en contraste avec elle, la *pluralité* des éléments, le *nombre* des parties, la *multiplicité* des actes, la *divisibilité* de la substance. Cette *unité* et cette *pluralité* physiques semblent donc appartenir respectivement à la forme *substantielle* et à la *matière première*, comme à leurs points de départ ou à leurs causes internes.

11. — Dans les *esprits finis*, notre raison discerne l'*unité* et la *pluralité spirituelles*, en rapportant la première à la substance même, et la deuxième aux accidents dont celle-ci est le sujet ou le foyer. C'est qu'en effet la substance ou nature de l'esprit répond

exactement, quoique d'une façon transcendante, à la *forme substantielle des corps*, — tandis que les accidents et opérations de l'esprit, sorte d'*extensions* de sa puissance, répondent assez bien, mais transcendantalement aussi, à l'*étendue*, et par son moyen, à la *matière première* dont celle-ci procède [1].

12. — La *durée* des substances matérielles et de leurs opérations, — par exemple du soleil, de la terre, des révolutions de celle-ci autour de celui-là, — est faite d'unité ou de stabilité, et de pluralité ou de successivité. Les corps *demeurent*, mais ils *passent* aussi ; et non seulement leurs accidents et mouvements sont passagers, mais leur substance même, au moins celle des corps qui se composent et se décomposent chimiquement. — Leur *durée* physique, soit substantielle soit accidentelle, se mesure d'après une règle commune, notamment d'après une révolution sidérale qu'on appelle *unité de temps ;* telle est, par exemple, la durée d'un jour terrestre.— Le *temps* considéré d'une façon abstraite, le temps pour ainsi dire universalisé, n'est pas précisément une réalité mais un être de raison, comme l'*espace* transcendant [2].

13. — Les *substances spirituelles finies*, âmes

---

1. Ceci n'est évidemment pas pour diminuer la réalité ni l'intensité des *opérations* spirituelles, mais pour mieux faire entendre comment la *pluralité* s'allie à l'*unité* dans les esprits.

2. Voir *pages* 27 et 47.

humaines ou purs esprits, ont une durée successive quant à leurs accidents et à leurs actes, — mais une durée tout à fait stable quant à leur être propre : car l'*esprit* ne résulte pas d'une combinaison, n'est pas un élément mélangé avec d'autres [1]. Sa durée substantielle n'est donc pas un *temps physique* semblable à celui des corps, mais une image assez ressemblante de l'*éternité* d'où sont exclus tous les changements. Quant à la durée des *accidents* et *mouvements* des esprits, elle peut, dans l'âme humaine surtout, se mesurer d'après le temps physique ordinaire, — attendu que nos opérations les plus spirituelles sont toujours associées à des sensations qui rigoureusement se produisent dans le *temps* et se mesurent d'après sa propre règle [2]. Ce mélange de stabilité et de successivité dans la *durée* des substances spirituelles finies, lui a valu parfois le nom d'*éviternité*, qui rappelle à bon droit, quoique de loin assurément, celui d'éternité [3].

---

1. L'*union* de l'âme et du corps est toute différente de la *combinaison* des éléments matériels, précisément parce que l'âme n'est pas de même catégorie que le corps.

2. Cette raison ne convient pas aux purs esprits, aux anges, qui ne sont point *sensitifs*. On peut cependant mesurer la durée de leurs actes et mouvements d'après le temps des êtres matériels auxquels ils appliquent et transmettent les motions providentielles dont le ministère leur est confié dans l'ordre supranaturel.

3. Éternité = *æternitas* = αἰών = durée sans commencement ni fin de l'être incréé. Éviternité = *æviternitas* = *ævum* = durée très longue des esprits créés.

14. — Incontestablement l'*esprit infini* dure *infiniment ;* mais, à cause de son infinie simplicité, il dure sans aucune succession, — ni de substance, car sous ce rapport il exclut toute composition et combinaison, — ni d'accidents, car rien en lui n'est accessoire, secondaire, accidentel. Dieu est donc toujours le même absolument, — immuablement tel qu'il fut et tel qu'il sera jamais, ne pouvant diminuer ni augmenter, ayant nécessairement et infiniment tout ce qu'il est et tout ce qu'il a. Cette durée essentiellement divine est proprement l'*eternité*.

15. — La *durée* temporelle, éviternelle, éternelle, des substances finies et de la substance infinie, est un corollaire immédiat de leur être en tant qu'*existant et actif*. Un élément *passif, étendu, matériel*, donnerait largement prise à des forces adverses ; il ne pourrait de soi-même compter sur une forte et ample stabilité. — La *forme substantielle* en est le principe interne dans les corps, de même que la *spiritualité* dans les esprits finis, et l'*infinité* même en Dieu. — De cet être infini, éternel, nécessaire, tous les autres reçoivent aussi leur permanence et leur durée plus ou moins longues ; mais il en est le principe seulement *externe*, et ce n'est pas Dieu qui *dure* en eux et par eux.

16. — Pour compléter cet *article* relatif à *l'unité et la composition*, observons que dans l'immense

collection des êtres réellement existants, il en est de nettement séparés et indépendants quant à l'espace et à l'opération : l'usage est de les appeler tous des *suppôts* ou des *hypostases* [1], et s'ils sont doués d'intelligence, des *personnes* [2]. Une statue de marbre, un fruit détaché de sa tige, un homme ou un ange, sont donc des hypostases, des suppôts ; et les deux derniers sont également des personnes. — Mais les substances, les natures, à plus forte raison leurs parties et leurs accidents, dont l'être n'est pas à soi et n'agit pas pour soi, mais est à leur sujet et agit pour lui, conservent leurs dénominations simples de substances ou natures, de parties ou d'accidents. Le bras de cette statue, le corps de cet homme, la fleur épanouie sur cette plante, cet enfant encore au sein de sa mère, ne sont ni des hypostases, ni des personnes, tant que leur indépendance physique n'est point complète. Inutile de montrer les applications juridiques, sociales, théologiques, de cette doctrine.

1. *Hypostase* en grec et *suppôt* en latin signifient le *sujet* auquel appartiennent l'*être* et l'*action* dans une chose quelconque.
2. *Personne* désignait à Rome un des acteurs dramatiques en scène. Dieu, ange, homme, ces trois grands acteurs de la dramaturgie cosmique et théologique, si je puis parler ce langage, méritent donc bien qu'on leur attribue ce concept et ce nom de *personne*. Voir *p.* 20, *note*.

ARTICLE IV.

Le Mouvement et la Vie.

THÉORÈME V.

L'accident le plus universel, qui se rencontre dans le monde des substances spirituelles finies aussi bien que dans celui des substances matérielles, et qui s'y rencontre toujours et partout, c'est le mouvement ; *il est actif dans le* moteur *et passif dans le* mobile, *également incapable d'exister sans l'un et sans l'autre ; il a l'*être *pour origine, et le perfectionnement ou la détérioration de l'être pour résultat ; et lui même, considéré en soi, est un* demi-être, *un être en devenir, supérieur au simple possible, inférieur à l'être actualisé ou existant ; sa demi-perfection, si elle est, comme tous les autres phénomènes, un* effet *réductible à la* cause suprême et divine, *ne pourrait cependant résider en Dieu comme en son sujet et en son mobile ; quand elle aboutit, dans les êtres finis, à quelque perfection positive, celle-ci se nomme, si l'on veut,* effet substantiel *ou* accidentel, *par identité avec les formes substantielles ou accidentelles dont il a été question précédemment.*

1. — Les innombrables et incessants *phénomènes* ou *manifestations* de la substance se produisent par *mouvement :* — non pas seulement par mouvement

local, par translation plus ou moins considérable *dans l'espace*, comme l'entendent généralement les modernes qui préjugent ainsi la question de savoir s'il peut y avoir du mouvement sans étendue, sans espace, et qui, à tort, répondent négativement ; — mais par n'importe quel passage d'un terme à un autre, d'un état à un autre, soit dans l'ordre matériel soit dans l'immatériel, soit dans la catégorie de l'être substantiel soit dans celle de l'accidentel [1].

2. — En ce sens très large, la création est un mouvement par lequel un possible passe à l'existence, à l'actuation ; de même la génération des vivants, et la composition ou la décomposition substantielles des corps ; de même les opérations spirituelles de l'intelligence et de la volonté ; de même les changements de chaleur, de vitesse, de situation, de position, dans les objets matériels. — Tout est donc en mouvement ou peut y être, sensiblement ou non, — excepté Dieu, dont l'infinie perfection et l'infinie simplicité se traduisent par une immutabilité pareillement infinie, — ce qui ne l'empêche pas le moins du monde d'être le *premier et suprême moteur*, duquel dépendent nécessairement toutes les motions ou mouvements qui ont produit et qui soutiennent l'univers.

---

[1]. Peu de théories ont autant d'importance que celle-ci pour la philosophie nécessaire à la science ; et nous n'en saurions trop recommander l'intelligence à nos lecteurs.

3. — Le mouvement, qu'il soit spirituel ou corporel, physique ou chimique, vital ou simplement mécanique, suppose essentiellement trois choses : l'élément *à mouvoir*, ou le *mobile ;* l'élément *qui meut*, ou le *moteur ;* le *passage effectif* d'un état à un autre, ou le *devenir formel* du mobile qui obéit à l'impulsion du moteur. — Dans le *moteur*, le mouvement est évidemment *actif*, complètement actif, plus ou moins identifié avec la puissance ou force motrice; en *Dieu*, il est pleinement identique à l'être infini. — Dans le *mobile*, le mouvement est *passif*, quoique souvent il donne lieu et origine à de nouvelles perfections et opérations positives. — En *soi-même*, le mouvement est quelque chose d'imparfaitement réel, d'incomplètement actuel : ce n'est plus la simple possibilité du point de départ ; ce n'est pas encore l'entière actualité du point d'arrivée. C'est un *demi-être*, une existence *qui se fait*, une réalité *en devenir*. Même dans le mouvement local, on voit cet état intermédiaire, cette mitoyenneté si l'on peut ainsi parler : car le mobile A, parcourant la ligne BC, n'est plus en B et n'est pas encore en C.

4. — C'est une erreur, — plutôt de langage que de pensée, j'aime à le croire, — c'est au moins un malentendu d'affirmer, comme on l'a fait, que le mouvement proprement dit peut se passer de *moteur* et de *mobile*, et qu'il peut fort bien subsister en soi, éternellement. Si l'on comprend ce que

signifie exactement ce mot de *mouvement*, ose-t-on dire sérieusement que le *néant* passe réellement, actuellement, d'un terme à un autre, tout en demeurant d'ailleurs un pur *néant*, et sans l'intervention d'aucune force réelle qui, je l'avoue, serait absolument inutile en pareil cas ? Mais alors que serait donc ce passage sans passant, ce voyage sans voyageur, ce devenir sans devenant ? Pour être mû, il faut *être* déjà, à quelque degré, — et, par un surcroît d'être, prendre une nouvelle forme d'être. — Lors même que le point d'arrivée serait moindre que le point de départ, comme dans les détériorations et les amoindrissements, le terme final serait encore une réalité ; si c'était le pur néant, il n'y aurait pas de mouvement proprement dit ; l'anéantissement complet, non plus que la création complète, ne serait pas une véritable et réelle motion [1].

5. — Quand le mouvement produit dans un mobile matériel ou immatériel tend à l'améliorer en quelque façon positive, il en résulte un *surcroît d'être* au moins accidentel, — parfois même substantiel, comme dans les combinaisons et les mélanges chimiques : de là, deux séries de formes

---

1. La création n'est un mouvement qu'en *un sens très large*, ainsi que nous le disions tout à l'heure, n° 2 ; et la raison en est que le mobile n'est pas d'abord *réel*. — L'anéantissement n'est pas non plus un véritable mouvement, parce qu'il n'implique pas de vrai *devenir* et que son terme final est purement logique.

ou perfections résultant de la force motrice : — formes substantielles et formes accidentelles, ou si l'on veut, perfections essentielles et perfections accessoires. Ces augmentations, et les diminutions inverses, ne pouvant affecter la substance infinie, l'être divin, — jamais Dieu ne saurait être *mû* par quelque moteur que ce soit ; il ne se meut pas non plus lui-même, car la condition de mobile lui répugne absolument ; il est donc le *premier moteur immobile*, à l'égard de tous les êtres finis que sa puissance a créés et que sa providence gouverne.

THÉORÈME VI.

Dans une multitude d'êtres matériels ou immatériels, d'ordre fini et contingent, le phénomène du mouvement s'élève à une catégorie manifestement supérieure où il reçoit le nom de vie, *de* mouvement vital : *ce qui le caractérise alors spécifiquement, c'est d'abord l'identité du moteur avec le mobile, puis la production d'un acte, d'un état, d'une perfection, d'une forme accidentelle, qui sont intrinsèques au moteur ou mobile ; celui-ci se complète ainsi soi-même, moyennant un certain nombre de conditions internes ou externes servant pour ainsi dire d'instruments à sa* force vitale *pour se développer, pour agir, même pour rayonner parfois au dehors, jusqu'à y produire des êtres nouveaux.*

I. — Par les combinaisons et les modifications

survenant incessamment dans les corps dits *inorganiques*, — en conformité avec des lois célèbres découvertes par la science moderne, — des mouvements moléculaires et atomiques [1] se produisent au plus intime de la substance matérielle, aboutissant à des états et à des opérations visibles ou invisibles, externes ou internes, qui décèlent l'existence de *forces attractives* et *répulsives* sans cesse agissantes et absolument indéniables. — Mais on n'a jamais prouvé, ni même rendu sérieusement probable, que l'individualité purement *matérielle*, — la *molécule* ou l'*atome*, — se modifie *spontanément* elle-même, et conséquemment soit *son propre moteur* dans les actes physico-chimiques dont elle est le théâtre. Elle est donc à bon droit considérée comme inerte ou comme morte, encore qu'elle soit en relations continuelles d'action et de réaction avec le groupe matériel dont elle fait partie [2].

2. — Mais, dans les corps dits *organiques*, la *cellule* qui remplace la molécule n'est pas seulement

---

1. L'existence des *atomes* n'est pas aussi certaine que celle des *molécules*; mais elle a une assez solide probabilité pour justifier notre langage, ici et ailleurs.

2. Si l'expérience ne montrait pas clairement que les mouvements physico-chimiques de pesanteur, d'attraction et de répulsion moléculaires ou universelles, de translation dans l'espace, de combinaison ou de décomposition, etc., résultant d'actions extérieures produites par les corps ambiants sur le mobile où ces mouvements apparaissent, on pourrait se demander si la source n'en est pas dans une sponta-

principe partiel [1] et sujet de mouvements purement physico-chimiques ; elle a, en plus, des mouvements *spontanés*, qu'elle se donne et reçoit, qui sont bien d'elle et à elle, qui peuvent très ordinairement sortir d'elle en se communiquant du dedans au dehors, et qui, s'ils ont évidemment besoin du dehors pour se produire au dedans [2], n'en sont pas moins *essentiellement et formellement internes*.

3. — En ces mouvements où la matière montre une certaine possession de soi, une certaine autonomie dans l'usage de ses forces, le moteur et le mobile, le mouvement et le terme produit, sont *réunis* dans le même être : il agit sur soi-même et se complète soi-même par quelque perfection acci-

néité propre à la matière, comme Leibniz et les dynamistes l'avaient rêvé. Mais l'expérience atteste l'inertie des corps inorganiques, et l'origine extérieure des mouvements qu'ils subissent. Jusqu'où faut-il remonter pour en saisir le début ? Nous verrons plus loin que c'est jusqu'à Dieu même. (IIe *partie, théorème* XIX.)

1. Nous disons *principe partiel*, car nous ne doutons certes pas que la matière inorganique agisse réellement dans les phénomènes physico-chimiques dont elle est le sujet. Les pages précédentes et celles qui suivront, surtout au *chap.* II de la IIe *partie*, montrent combien nous sommes opposé à la théorie de la complète passivité de la matière.

2. Les corps organiques ont absolument besoin d'un milieu approprié pour exister, pour y puiser des aliments nutritifs et des éléments actifs. Cet emprunt au dehors ne se fait pas *contre* les lois physico-chimiques, mais il ne se fait pas non plus *par* elles seules. La substance organisée y déploie déjà ses caractères spécifiques ; elle les manifeste plus clairement encore dans ses actes subséquents de développement et surtout de reproduction

dentelle. Il est ainsi très supérieur à l'être inorganique et purement matériel, qui ne peut *rien pour soi* et n'opère *rien en soi*. — Un nom spécial est donc justement attribué à ce degré supérieur de mouvement : on l'appelle *mouvement vital* et *vie ;* son *moteur* se nomme *force vitale, principe vital, âme ;* son *mobile* prend le nom générique de *vivant*, de *corps organique ;* ses *effets* propres et immédiats s'appellent *actes vitaux, perfections vitales*, et ils sont eux-mêmes intrinsèques au *mobile* ou *sujet vivant*.

4. — Les êtres immatériels d'ordre fini, les *purs esprits* et l'*âme humaine*, possèdent à un niveau plus élevé cette force motrice, ce mouvement interne, ces opérations et perfections vitales, dont ils sont le principe et dont ils s'enrichissent, avant que d'en communiquer le bénéfice aux substances corporelles qui leur sont subordonnées [1]. — Dieu seul, précisément à cause de son infinie perfection, ne pouvant se mouvoir ni s'augmenter, nous apparaît une fois de plus comme le *premier moteur immobile*. Sa *vie* [2] est donc incomparablement plus vivante que toute

---

1. La chose est scientifiquement prouvée pour l'homme ; elle est théologiquement certaine pour l'ange, qui sans doute n'a pas de corps à vivifier, à informer, mais qui peut exercer une action supranaturelle dans l'ordre physique et dans l'immatériel. Voir *théorème* XXIX, 1.

2. Vie = *vita* = *vis* = force, énergie, puissance active. On voit que ce mot convient exactement aux esprits finis et à Dieu. Celui d'*organique* s'applique exclusivement aux corps vivants.

autre vie, mais en des conditions et avec un procédé essentiellement différents.

5. — Dans la vie divine, l'influence des êtres extérieurs est absolument et nécessairement nulle : *Dieu* ne vit réellement que de lui-même.— Au contraire, toute vie contingente, créée, fût-elle au degré le plus sublime de la spiritualité finie, a besoin de concours et d'aliments extérieurs.— Les *purs esprits* empruntent fort peu au monde humain, surtout au monde corporel ; mais ils empruntent immensément aux illuminations, aux motions, de la puissance créatrice et conservatrice de tout ce qui existe en dehors de Dieu et par sa volonté. — L'*âme humaine*, pour ses fonctions de connaissance et de volition intellectuelles, a naturellement besoin de sensations antécédentes et concomitantes ; et ces sensations cognoscitives ou appétitives sont en grande partie provoquées par les objets matériels environnants. Le concours divin n'est pas moins nécessaire ici que pour le fonctionnement des purs esprits ; et peut-être même l'est-il davantage, attendu que les forces de rang inférieur, comme les sens cognoscitifs et appétitifs, ont besoin d'être particulièrement soutenues pour contribuer à la production des actes d'ordre supérieur, comme ceux d'intelligence et de volonté.

CHAPITRE II.
QUESTIONS SPÉCIALES.

ARTICLE I.
La Matière Non-Vivante.

THÉORÈME VII.

La substance corporelle dépourvue de toute vie, de toute organisation, est sans doute très réelle et très actuelle ; mais elle n'est pas nécessaire, et conséquemment pas éternelle, pas indestructible ; elle a eu un commencement dont nous ne saurions naturellement assigner la date, non plus que la date de son anéantissement final ou de sa transfiguration et transformation supranaturelle ; elle n'est pas davantage immense, inépuisable, incommensurable ; elle n'est pas animée, et surtout elle n'est pas le corps de Dieu ; elle ne peut d'elle-même sortir de sa sphère, ni jamais devenir vie *ou* esprit.

1. — On ne saurait nier ce fait, qu'une énorme quantité de substance corporelle est dépourvue de toute vie, de toute organisation. Le nier serait nier l'existence du globe terrestre et de l'univers entier.

— Car si, d'une part, cette immense quantité de substance corporelle est une réalité indubitable, une évidente possibilité passée à l'état manifeste d'actuation, d'actualité, elle est, d'autre part, sans aucune trace de l'organisme et du mouvement vital parfaitement constatés dans les êtres végétatifs et sensitifs. — La cristallisation est un phénomène admirable, mais ses éléments *moléculaires* sont tout différents des *cellules* qui forment le tissu des végétaux et des animaux, ainsi que la charpente et les organes de cette merveilleuse construction. — Nous l'avons dit [1], rien absolument ne révèle un mouvement autonome, spontané, dans les corps inorganiques ; et si l'on a pu quelquefois, comme en un rêve poétique, l'attribuer aux atomes dans lesquels on admet que les molécules se résolvent, ce rêve demeure au-dessous des hypothèses et des conjectures les moins probables : il ne compte ni devant la science ni même devant la réflexion la plus vulgaire.

2. — Cette substance réelle, concrète, corporelle et inerte, sans aucune vie et sans aucun organisme, pouvait-elle ne pas exister, et pourrait-elle cesser d'exister, — sans que les lois reconnues essentielles par la pensée humaine fussent violées, — sans qu'à leur tour les substances spirituelles et surtout la

---

[1]. Ci-dessus, *p.* 38.

substance divine, l'esprit infini, fussent mis dans l'impossibilité complète d'être et d'agir? S'il fallait avouer cette violation et cette impossibilité, la substance corporelle serait *nécessaire :* ou bien elle aurait toujours existé, comme Dieu ; ou bien Dieu aurait été obligé de la produire, comme l'araignée sa toile ; et dans aucune hypothèse il ne la saurait anéantir. — Mais non, la vérité resterait la vérité, les esprits resteraient capables d'exister, de savoir, de vouloir, et Dieu resterait Dieu, — quand même la matière inorganique n'existerait pas ou retomberait dans le néant, avec tous les corps organiques et notamment avec le nôtre qui sont formés d'elle, et qui s'alimentent d'elle.

3. — N'étant point nécessaire, elle n'est pas *éternelle* au sens où Dieu l'est. A supposer, avec certains grands métaphysiciens, que la puissance créatrice l'eût produite dès qu'elle eût pu le faire, c'est-à-dire sans commencement chronologique et sans date initiale [1], — elle n'aurait pu lui conférer son exclusif privilège *d'éternité :* car éternité dit *nécessité* et *simplicité* totale dans la durée, —

---

1. Saint Thomas d'Aquin pensait, et son école avec lui, que le monde aurait pu être *créé de toute éternité.* Le *nombre* des mouvements cosmiques survenus en cette hypothèse ne serait pas précisément un nombre *infini,* mais un nombre *incalculable,* impossible à déterminer et à compter arithmétiquement ; et si l'on doit reconnaître qu'un *nombre actuellement infini* est chose *contradictoire,* on ne peut en dire autant d'un nombre seulement *incalculable.*

tandis que la substance corporelle est *contingente* et *successive*, comme déjà nous l'avons remarqué[1].

4. — La science ne peut présentement nous dire, et très probablement elle ne saura jamais exactement combien de temps la substance matérielle a duré, combien de temps elle durera encore sous les formes qu'elle revêt dans le *cosmos*. Les savants ne peuvent rien affirmer d'évident sur ses toutes premières origines, ni sur ses toutes dernières destinées ; et s'ils sont en droit de constater que la zone sidérale où la terre se meut présente, d'une part, des marques indéniables d'ascension graduelle dans l'existence, et d'autre part, des signes indubitables de décadence dans certains astres et dans certaines séries d'êtres terrestres, ces mêmes savants ne peuvent rien assurer de plus, — ni contredire la philosophie quand elle enseigne que Dieu a *créé* le monde, ni démentir la foi quand elle ajoute qu'il le brisera un jour comme un vase d'argile — pour refaire « de nouveaux cieux et une nouvelle terre[2] ».

D'après cette théorie, dont il faut bien tenir quelque compte, la démonstration *mathématique* de l'existence de Dieu n'aurait pas une valeur irréfragable. Aussi ne l'emploierons nous pas dans ce traité, où nous voudrions réduire au *minimum* l'élément conjectural.

1. Voir ci-dessus, *p.* 29, 44-45.

2. C'est particulièrement la doctrine de saint Pierre, dans sa *IIe Épître* inspirée, *ch.* III, 5-13.

5. — De *durée finie*[1] et par conséquent mesurable, la substance matérielle est pareillement *finie* et *mesurable* en sa *quantité*[2]. Ce que nous voyons d'elle peut certainement s'exprimer par une équation limitée ; ce que nous n'en voyons pas est également limité par ce que nous en voyons ; et ces deux nombres finis aboutissent par addition à un total essentiellement fini, lui aussi. — L'*espace* ainsi occupé, et celui que notre imagination se plaît quelquefois à y ajouter, sont donc à leur tour des quantités limitées ; et l'immensité de la matière ou de l'espace n'est qu'une généralisation, qu'un être de raison, impossible à faire arriver jusqu'à l'actuation, jusqu'à l'existence de fait. — Ce qui en est effectivement réalisé n'est pas inépuisable : on peut en faire un emploi indéfini, mais non infini ; le créateur peut en augmenter indéfiniment la quantité sans en faire jamais un tout infiniment grand ; et à supposer qu'elle se multipliât continuellement

---

1. La *possibilité* dont parlait saint Thomas n'est pas seulement rejetée *en fait* par la doctrine catholique ; elle est en désaccord avec les vues scientifiques de la cosmologie et de la cosmogonie les plus autorisées à notre époque.

2. On appelle *quantité*, en philosophie, la propriété qu'a la matière d'être extensible et divisible en parties quelconques, soit statiques soit dynamiques, c'est-à-dire quant à l'être ou quant à l'opération. L'*étendue* en est une des manifestations les plus obvies et les plus connues ; la *quotité*, le *nombre*, les *dimensions*, en dérivent aussi. Revoir le *théorème* IV.

en étendue et en volume, moyennant la dilatation toujours croissante de son élément passif, de son élasticité, l'espace qu'elle occuperait ne cesserait pas d'être contenu sous des dimensions finies. L'*immensité* du monde matériel, de l'univers physique, est donc un simple concept mélangé de réalité et de songe.

6. — Certains auteurs ont imaginé que l'ensemble de la substance corporelle était doué de vie, qu'il avait une âme, et même que cette âme était Dieu. Rien n'autorise à délirer de la sorte : l'observation scientifique ne découvre dans le monde inorganique que des mouvements purement mécaniques; ni les changements moléculaires, ni les translations sidérales, ne ressemblent aux opérations et aux productions de la vie dans les végétaux ou dans les animaux. La force qui suscite les phénomènes physicochimiques n'a rien de formellement vital, de vivifiant. — Le panthéisme, le matérialisme, peuvent bien rêver d'un Dieu incarné dans l'univers entier, d'un monde animalisé par une âme qui résulterait des lois et actions matérielles, comme l'harmonie résulte des vibrations concertantes de plusieurs instruments de musique. Mais la saine philosophie n'admettra jamais sans preuves l'union substantielle d'un Dieu-âme et d'un monde-corps ; les preuves qu'elle exigerait pour y croire devraient être analogues à celles qui nous font reconnaître la réalité

et l'unité du composé humain : or, le panthéisme nous le verrons, n'a rien de pareil à offrir à la critique ; et au lieu de démonstrations, il ne peut lui proposer que des fantaisies, des contradictions.

7. — La substance corporelle *inorganique*, telle qu'on la connaît et qu'on l'étudie depuis la plus haute antiquité, se distingue si nettement de la substance corporelle *organique* et *vivante*, que jamais et nulle part on n'a constaté la transformation *spontanée* de la première en la seconde. L'on a vu et l'on voit sans cesse des éléments *non-vivants* saisis par la *substance vitale* qui se les assimile, leur communique son énergie propre, en fait ses tissus et ses organes, et les emploie à jouer des rôles très actifs dans la série de ses fonctions végétatives ou sensitives : mais on n'a pas vu et on ne verra pas d'éléments non-vivants acquérir d'eux-mêmes la force vitale, et entrer de leur propre initiative dans la catégorie de la vie et de la substance organisée. — Ce passage s'est-il fait quelquefois, *à l'origine du monde*, quand il n'y avait encore ni observations ni sciences ; et peut-on bien penser qu'il se fait ou se fera quelque part, hors de notre univers et de notre temps ? Non très certainement, et voici pourquoi. — Il est évident que pour conjecturer seulement, et sans l'affirmer, un pareil phénomène, il faudrait avoir reconnu dans l'élément purement corporel un état latent de vie, des

aptitudes positives et actives à vivre, des exigences de vie comme celles qu'on observe dans une semence, dans un germe. En dehors de ces conditions, il serait plus que téméraire, il serait absurde de croire qu'une molécule inorganique va devenir une cellule organique, qu'une chose inerte va devenir un être vivant. — *Le moins* ne peut de lui-même donner *le plus ;* et manifestement le corps sans vie formelle ni latente est essentiellement *moindre* que le corps animé. — En vain le *hasard* compléterait successivement tel atome par tous les autres ; si les termes ou facteurs de cette opération n'ont à aucun degré la vie, ils ne la communiqueront sûrement pas à leur produit. — *L'intelligence* humaine y réussira-t-elle mieux ? Nullement, car elle ne peut que mettre en œuvre ce que renferment de force et d'activité les éléments dont elle dispose. Elle ne peut rien y mettre par elle-même ; la substance corporelle est antérieure et supérieure à ses efforts les plus savants, les plus habiles ; nous pouvons découvrir bien des choses recouvertes comme d'un voile mystérieux dans l'univers où nous agissons, mais nous ne pourrions créer ce que nous y découvrons. — La chimie a fait des merveilles à notre époque : elle n'a pas fait et ne fera pas une cellule vraiment *vivante ;* c'est réservé à l'intelligence infinie, toute-puissante, créatrice. Si nos savants constataient, en leurs doctes combinaisons, l'apparition inattendue d'une étincelle de vie, c'est que tel ou tel élément par eux employé aurait déjà renfermé, au moins à l'état latent, une force vitale dont ils ne se seraient pas d'abord aperçus. Il n'y aurait pas du tout de *génération* ou de *vitalisation spontanées ;* il n'y aurait qu'une observation nouvelle dans un monde encore obscur et insuffisamment exploré.

8. — Dieu pourrait certainement faire vivre ce qu'il a créé sans vie : mais il ne pourrait le faire par le *développement* d'une chose non-vivante, qui ne donnera jamais rien qu'elle ne renferme. Dieu la vivifierait seulement par *additionnement* d'un principe vital, d'une force ou forme substantielle qui s'emparerait, pour l'animer, de cette matière non-

---

1. Pour que la matière sente et pense, il faut qu'elle soit *organisée :* un bloc de pierre ne l'est pas, un cadavre ne l'est plus, et avant qu'ils ne le soient ils devraient être chimiquement transformés pour s'adapter au principe vital dont ils seraient les organes. Mais cela n'est pas dans leur propre pouvoir, tant s'en faut. — L'impossibilité pour *le moins* de se donner *le plus* en fait de substance, d'essence, de nature, domine toutes les sciences et toutes les choses, depuis l'arithmétique et les nombres jusqu'à la physico-chimie et à la physiologie. Les abstractions algébriques n'y contredisent pas ; l'acquisition des habitudes ou des arts par des exercices renouvelés, les découvertes et les inventions par des procédés scientifiques, ou bien ne sont que des accroissements accidentels, ou bien ne sont que le développement explicite de faits latents et implicites. Douter de notre aphorisme sur « le moins et le plus » serait nier le principe fondamental du « tout plus grand que la partie ».

vivante appelée à devenir son corps par une admirable adaptation dont nous aurons à parler dans l'article suivant ¹.

9. — Ce qui précède résout clairement, définitivement, la question de savoir si la substance purement corporelle pourrait sentir, penser, vouloir, au moins avec une toute spéciale et toute miraculeuse motion divine. — Sans doute la sensation, la pensée, la volition, se rencontrent dans l'âme humaine unie à un corps, et ce corps n'est pas sans contribuer à ces actes de l'âme. On peut également dire que, grâce à son animation, le corps même a des sensations et des appétitions où son organisme remplit un rôle indispensable. — Mais parce que sentir, penser, vouloir, sont des opérations *vitales*, on ne saurait jamais les trouver dans un corps dépourvu de vie ; et supposer que la toute-puissance divine pourrait bien, s'il lui plaisait, réaliser dans un bloc de pierre ou dans un cadavre cette merveille, sans d'abord y infuser un principe vital ou une motion transitoire équivalente, serait tout bonnement supposer que Dieu peut vouloir une absurdité et peut réaliser une contradiction ².

1. Quelles forces latentes Dieu a mises dans les corps, et quelles motions il leur a imprimées pour une échéance plus ou moins éloignée, nous ne le savons pas exactement. Les phénomènes inattendus qui en résulteraient ne devraient pourtant pas être attribués à l'évolution ni au miracle. Voir *théorème* XXIX.

2. On a vu, *p.* 51, *note*, que l'animation d'une matière inerte, par

THÉOREME VIII.

La substance corporelle non-vivante n'est pas simplement une quantité, une étendue, une force, un mouvement ; elle est vraiment un substratum *réellement distinct de ces accidents et d'une multitude d'autres ; ce* substratum *jouit d'une véritable et* substantielle unité, *qu'il faut chercher au-delà des agrégats, des morceaux, des volumes, et placer dans chacune des molécules ainsi accidentellement agrégées, sinon dans chacun des atomes constituant essentiellement les molécules.*

1. — Dire que la substance corporelle inerte, par exemple une masse de fer, est purement une *quantité*, sans *réalité*, sans forme quantitative, sans actuation d'un être plus ou moins considérable, c'est dire qu'elle est simplement un *nombre abstrait*, et réduire les existences physico-chimiques à de pures *formules* arithmétiques ou algébriques. Le bon sens y répugne. — Dire que les corps sont de l'*étendue*, des *dimensions*, et rien de plus, c'est les réduire à de creuses et vides formules géométriques. Le bon sens ne le supporte pas. — Dire qu'ils sont uniquement des *forces*, des *énergies*, sans *réalités* possédant l'énergie et la force, c'est admettre que le *rien*

exemple d'un bloc de marbre, par une force vitale, présupposerait nécessairement la transformation de cette matière en corps organisé. C'est là une condition qu'il ne faut jamais perdre de vue dans l'examen des problèmes auxquels nous touchons en cet article.

peut avoir la puissance d'agir, qu'il peut être cette puissance même. Le bon sens ne l'admettra jamais.
— Dire qu'ils sont uniquement des *mouvements*, c'est prétendre qu'un mouvement peut se produire et subsister sans chose qui meuve, sans chose qui soit mue, absolument comme un théorème abstrait de mécanique. Le bon sens ne le souffrira jamais.
— Dire enfin que la substance corporelle est une *collection de phénomènes* ainsi dépourvus d'actuation, voire même de possibilité d'exister, c'est dire qu'elle est une collection de néants et par conséquent un néant elle-même. Le bon sens y contredit résolûment, et y contredira toujours [1].

2. — La substance des corps sans vie est donc un *substratum* que l'*observation* sensible ne saurait atteindre directement, immédiatement, parce que les sens ne peuvent observer que les *phénomènes sensibles* dont la substance est l'appui, la source invisible. Mais cette substance est accessible à la *raison scientifique*, à la *philosophie* surtout, parce que celles-ci connaissent par elles-mêmes, et par leurs moyens rationnels, ce que l'observation leur fait pressentir ou leur fournit l'occasion de recher-

[1]. Nous ne faisons pas à la science, à la philosophie, l'injure de les croire séparables du *bon sens*. Elles en sont tout simplement le développement, souvent très ample, très magnifique. Elles doivent, comme telles, toujours s'appuyer sur lui et lui être absolument fidèles. Il est déjà, par soi-même, une philosophie et une science initiales dont la pensée humaine ne saurait nullement se passer.

cher et de découvrir scientifiquement. — Entre la *substance corporelle* et la *quantité* dont nous avons vu qu'émanent l'étendue [1], et bien d'autres accidents ou phénomènes ; entre la même substance corporelle et les *forces accidentelles* dont elle peut être habituellement ou exceptionnellement douée, il y a donc une distinction assez réelle pour que la science ne s'obstine pas à confondre des termes si faciles à discerner, et ne favorise pas l'idéalisme de certains adversaires du continu, du permanent, du substantiel. — Prétendre que toute réalité physique se réduit à un simple *pointillé*, c'est peut-être une imagination originale, mais ce n'est certainement pas une conception grave et réfléchie. Elle ne répond nullement aux données de l'observation scientifique, qui reconnaît sans doute une multitude d'interstices dans l'étendue matérielle, mais qui n'y découvre pas moins des traits bien continus. C'est à l'exagération de l'atomisme, ou du dynamisme, qu'il faut attribuer cette féerie de points inétendus donnant à nos sens l'illusion complète de l'étendue et des phénomènes optiques,

---

1. Voir ci-dessus, *p.* 47, *note*. — La *quantité*, le *quantum*, le *combien*, s'appliquent à tout ce qui est composé de parties, d'éléments, d'instants, d'actes et de mouvements, de puissances et de facultés ; c'est surtout dans l'ordre *matériel*, et la quantité ne se dit qu'analogiquement des choses spirituelles finies. — L'*étendue* n'est donc qu'une des manifestations ou applications concrètes et matérielles de la quantité, comme déjà nous l'avons remarqué, *ibid*.

acoustiques, tactiles, etc., qui certes ne peuvent pas être plus réels que l'étendue elle-même.

3. — L'état solide, l'état liquide et l'état gazeux des corps inorganiques montrent clairement que leur *unité substantielle* n'est pas si compréhensive, tant s'en faut, que celle des corps vivants qui ne se trouvent jamais qu'à l'état solide et ne supporteraient pas les deux autres sans y perdre aussitôt leur organisme. — L'agrégation des molécules d'un bloc de marbre, la force d'attraction mutuelle qui les réunit, ne fait entre elles qu'une unité assez faible, diminuée encore dans les liquides, et bien davantage dans les gaz. Où donc est l'*unité substantielle*, grâce à laquelle tout corps est vraiment et substantiellement *un*, non pas seulement *uni* d'une façon accidentelle ou logique? Nous pensons qu'elle est dans chaque *molécule* contribuant ou non à faire une masse, un volume ; et que le bloc de marbre n'est pas philosophiquement *un corps*, mais un *agrégat* de corpuscules innombrables.— Si la réalité des *atomes* était mieux prouvée qu'elle ne l'est, s'il était bien établi que certaines molécules ne sont formées que d'un atome, ce serait jusqu'à l'*atome* lui-même qu'il nous faudrait descendre, pour atteindre cette substantielle unité qui donne aux corps inertes leur *individualité* propre. — Mais, qu'elle soit moléculaire ou atomique, cette unité, cette individualité, résultent probablement de la forme *substantielle* que

nous avons déjà signalée en eux [1]. Car c'est ce principe qui fait l'unification réelle des parties en un tout, et qui la maintient plus ou moins inaccessible aux causes extérieures de rupture et de dispersion. — Sans doute, la théorie actuelle des atomes les suppose inétendus, simples et actifs, générateurs aussi de quantité, d'étendue, de qualités passives. Elle se rapproche pourtant assez de la théorie antique, — et maintenant encore acceptable, — de la *matière première* et de la *forme substantielle* [2]. Elle lui deviendrait même identique, si l'on arrivait à distinguer deux catégories d'atomes, les uns *actifs* et les autres *passifs*, — ou si encore, dans tous les atomes ne formant qu'une seule catégorie, l'on reconnaissait deux éléments corrélatifs et d'ailleurs inséparables : l'un plus matériel et l'autre plus formel, l'un plutôt passif et l'autre plutôt actif. Qui sait si la physique moléculaire et la chimie, toujours en quête de progrès scientifiques, n'entreront pas dans cette voie?

4. — Ainsi peut-être se résoudrait le difficile et vieux problème de l'unité substantielle dans les corps *composés* ou *mixtes*. Si la molécule des corps

---

1. Voir ci-dessus, *p. 25 et suivantes*.

2. Elle est basée, en effet, sur l'observation continuelle, vulgaire et savante tout à la fois, qui nous montre dans les corps de *l'inertie* et de *l'énergie*, de la *passivité* et de *l'activité*, de *l'indétermination* et de la *détermination*.

simples peut être regardée comme sujet de l'unité physique et chimique, la molécule résultant d'une combinaison chimique, et à plus forte raison d'un simple mélange, ne peut prétendre à ce rôle, à ce privilège : le *mélange*, par exemple, de l'azote et de l'oxygène dans l'air, évidemment ne constitue pas une substance nouvelle et chimiquement *une;* le *composé* proprement dit, par exemple celui de l'hydrogène et de l'oxygène dans l'eau, ne peut plus être considéré comme un corps spécifiquement distinct de ses composants, depuis qu'on en a fait la dissociation par des moyens purement physiques, en dehors de la décomposition chimique antérieurement connue. — La molécule des corps *simples* ne se dissociera-t-elle pas à son tour dans un prochain avenir, par une découverte qu'on peut déjà pressentir ? L'opinion commune et très ancienne qui ne reconnaissait aucune distinction *essentielle* entre le simple et le composé chimiques, ne serait-elle pas ainsi justifiée, — mais dans un sens nouveau, par la réduction de n'importe quelle molécule à des atomes *doubles*, tout à la fois passifs et actifs ?

5. — Un problème également intéressant, peut-être également difficile, est celui de l'étendue ou de l'inétendue radicale de la *forme substantielle matérielle.* — La faire totalement *inétendue* serait pour plaire aux esprits avides d'unité absolue dans les

molécules et dans les atomes. Les dynamistes s'en réjouiraient aussi avec les idéalistes, les atomistes avec les cartésiens ; et finalement ce serait le triomphe d'une monade leibnizienne ou kantiste, d'une force mathématiquement ou mécaniquement simple.
— Nous sommes moins soucieux d'unité ; et comme la forme substantielle n'existe pas sans la matière première et réciproquement, nous pensons que la forme *s'étend* avec et par la matière ; que naturellement elles se superposent pour ainsi dire dans l'espace; que le principe formel n'est *inétendu* que lorsque supranaturellement, par une action divine toute spéciale, le principe matériel le devient lui-même. — Du reste, si nous sommes conséquent avec nos principes, et fidèle à l'antique théorie de la matière et de la forme, nous devons dire que rien n'est *actué* dans les corps que par la forme ; que l'étendue en dépend absolument comme tous les autres phénomènes ; et qu'il serait peu logique d'imaginer une étendue débordant et dépassant de toutes parts le principe actif et formel de l'unité. L'étendue et l'unité sont pour nous choses différentes, mais strictement corrélatives.

6. — Il n'y a pas de *génération* ni de *mort* proprement dites dans le domaine de la matière inerte. — On peut cependant considérer comme analogues à la *naissance* des vivants, d'abord la création divine et primordiale des atomes ou des molécules, puis

leurs compositions et combinaisons chimiques : car l'élément passif et l'élément actif dont nous venons de parler répondent, l'un au corps des vivants, l'autre à leur âme, — et leurs combinaisons ou compositions aboutissent toujours à une nouvelle molécule, à un nouveau groupe d'atomes. — A l'inverse, on peut comparer à la *mort* des vivants la décomposition chimique et la dissociation des groupes d'atomes, des molécules. — Les philosophes anciens ne parlaient pas sans quelque embarras, sans quelque obscurité, de la *production* et de l'*anéantissement* des *formes substantielles* au milieu de ces opérations matérielles ; et sans recourir à une intervention divine, comme pour la création des âmes humaines, ils attribuaient à une force naturelle assez mystérieuse l'*éduction* et l'*annihilation* du principe formel en chaque corps purement minéral. — Si on voulait admettre, ainsi que volontiers nous le ferions, une double catégorie d'atomes, séparément ou simultanément actifs et passifs, tous divinement créés à l'origine des choses et tous indestructibles par les puissances inférieures à Dieu, on arriverait, semble-t-il, à une explication plus commode et plus vraisemblable de cette épineuse question [1].

1. Le célèbre axiome de la « génération ou composition chimique d'un corps par la corruption ou décomposition d'un autre » y trouverait une nouvelle et utile vérification, poussée jusqu'aux éléments ultimes de la matière inerte.

ARTICLE II.

La Matière Vivante

THÉORÈME IX.

Une très grande quantité de substance corporelle cosmique est organisée et vivante, non pas au hasard ni transitoirement, mais par catégories déterminées et constantes ; cette substance matérielle vivante est cependant régie par certaines lois essentielles communes aux substances même inorganiques et non-vivantes ; elle s'alimente et se nourrit d'elles, immédiatement ou par le moyen des corps organiques, et c'est à elles que retournent ses éléments physico-chimiques quand elle est atteinte par la mort ; mais, tant qu'elle vit, elle les soumet à son empire pour des fins et des opérations toutes spéciales qu'on ne rencontre aucunement en dehors de l'ordre végétatif et de l'ordre animal.

1. — D'observation vulgaire, d'expérience scientifique, il est constant qu'une forte partie de la substance corporelle dont le *cosmos* est formé n'est pas inerte, pas dépourvue de mouvement interne et spontané ; mais qu'elle se meut elle-même avec une ampleur et une variété plus ou moins grandes. — Il est également constant que la portion *vivante*

de cette matière cosmique l'est durablement, continuellement, spécifiquement, — non par instants, par à-coups, par exceptions purement individuelles. Elle est, en effet, si bien et si profondément vivante, qu'elle se reproduit et se continue parfois à travers de longs siècles, gardant obstinément les caractères essentiels de ses générations premières jusque dans ses rejetons les plus lointains.

2. — De même que la matière non-vivante est distribuée en catégories ou espèces de corps plus ou moins simples, plus ou moins composés, ainsi la matière vivante [1] est divisée en trois genres extrêmement vastes, — matière *végétative*, matière *animale*, matière *humaine*, — qui se subdivisent eux-mêmes en classes nombreuses et plus ou moins distinctes entre elles.

3. — Si absolument différente que la matière vivante soit de la matière non-vivante, elle obéit cependant à plusieurs lois imposées par le créateur à celle-ci. Ainsi les corps vivants sont régis par les lois de la pesanteur et de l'attraction, de la chaleur et du travail, des combinaisons et décompositions physico-chimiques. — Mais ils ne sont pas tellement dominés par elles qu'ils ne les fassent fréquemment

---

1. On comprend que cette formule ne s'applique pas à la *matière première*, par opposition à la *forme substantielle* sans laquelle il n'y a pas de vie dans les corps. *Matière* signifie ici *être corporel*, *substance corporelle*.

fléchir sous leurs propres lois, — comme par exemple quand ils s'organisent en *cellules* et en *tissus* au lieu de se cristalliser géométriquement ; quand ils s'assimilent par *nutrition* leurs aliments, au lieu de se laisser dissocier par eux ; — quand ils se multiplient en individus de même espèce, au lieu de s'additionner en simples agrégats ou de se combiner en composés simplement chimiques.

4. — Bien supérieure aux corps sans vie, la substance matérielle vivante les présuppose cependant et y puise tous ses éléments, sauf la *vie*, le principe vital, la force vitale, le mouvement vital. Il n'y a pas un atome de matière vivante qui ne soit sorti du vaste réservoir de la matière inerte, — et qui n'y doive rentrer lorsque sa vie devient incapable de fonctionner davantage, soit par usure de son organisme, soit par défaut de conditions extérieures indispensables, soit par intervention violente de forces adverses contre lesquelles il lui faudrait lutter victorieusement et par lesquelles souvent elle se trouve vaincue [1].

5. — La dépendance des corps vivants relativement aux autres, — qui ne sont, nous l'avons vu [2],

---

1. Philosophiquement, non plus que scientifiquement, nous ne savons si quelque portion de matière n'a pas été créée tout *spécialement* pour être animée et pour le demeurer toujours. Mais bibliquement et théologiquement nous savons le contraire, en conformité d'ailleurs avec les probabilités très plausibles de la science.

2. Ci-dessus, *p.* 44-46.

ni nécessaires, ni éternels, ni indestructibles à Dieu, — démontre, par voie de conséquence, que la vie corporelle ne l'est pas davantage. — Elle a eu un *commencement*, et ce n'est pas la matière brute qui a pu le lui donner ; elle n'est donc apparue que sur l'ordre d'une libre volonté créatrice. — Elle peut avoir une fin *totale*, non seulement par un nouveau commandement de cette divine volonté, mais par l'effet normal des lois physico-chimiques, — ainsi, par un embrasement ou un refroidissement complets du globe terrestre. — Quant à une fin *partielle*, la vie corporelle y est continuellement soumise ; des cas innombrables de *mort* surviennent sans cesse dans l'ordre végétatif et dans l'ordre animal. Plus parfaite incomparablement que la substance inorganique et non-vivante, la substance organique et vivante est bien plus fragile, bien plus exposée aux vicissitudes et aux catastrophes qui, pareilles à des orages déchaînés, bouleversent fréquemment le monde matériel.

6. — La matière vivante se classifie, de la même façon qu'elle se reconnaît, par ses *opérations* et ses *fonctions*. Nous la voyons d'abord *se mouvoir* spontanément, c'est-à-dire par elle-même et en elle-même, et prolonger cette motion spontanée hors d'elle-même ; — nous la voyons ensuite *se nourrir*, c'est-à-dire développer ou réparer son être en transformant à son profit et en s'assimilant des corps

étrangers, soit inorganiques soit organiques ; — nous la voyons *se multiplier* selon divers modes de génération, c'est-à-dire de communication de sa propre vie à un nouvel être ; — nous la voyons enfin, à un degré plus élevé, *sentir et désirer organiquement*, c'est-à-dire connaître et aimer des objets matériels par ses organes pareillement matériels. — Une seule de ces fonctions, — auxquelles nous ne voulons pas en ajouter d'autres moins indiscutables, — suffirait pour déceler dans un corps la présence de la *vie*. Mais c'est chose rare, sauf au début ou au déclin du mouvement vital, qu'il se borne à une seule de ces opérations. Habituellement elles se réunissent en deux groupes, et constituent ainsi deux degrés de vie ; — *1ᵉʳ groupe et 1ᵉʳ degré :* motion interne et spontanée, nutrition, multiplication ou reproduction ; — *2ᵐᵉ groupe et 2ᵐᵉ degré :* outre les fonctions qu'on vient de dire, motion externe et spontanée, sensation et appétition. Le 1ᵉʳ groupe ou degré inférieur se nomme *végétatif ;* le 2ᵐᵉ groupe ou degré supérieur se nomme *animal* ou *sensitif*[1]. — Entre l'un et l'autre, on voit comme une zone indécise, où vaguement certains végétaux paraissent sentir,

---

1. Bien que le *végétal* ait une *âme* par le seul fait de sa vie, et qu'il pût logiquement être dit *animal* (âme=*anima*, — animal = *animale* ou *animatum*), il s'appelle seulement *végétal ;* mais ce nom même exprime formellement le mouvement interne et spontané d'accrois-

et où certains animaux sembleraient seulement végéter. Mais sont-ce bien des végétaux ou des animaux, ces organismes inférieurs et problématiques, réclamés à la fois par les botanistes et par les zoologues ? La question ne sera résolue qu'au jour, fort éloigné sans doute, où la science saura distinguer la sensibilité et l'appétivité d'avec la simple spontanéité, dans ces basses et obscures régions où l'on ne pénètre que par des observations très difficiles, et moyennant des instruments très délicats.

7. — Dans le *composé humain*, au-dessus des fonctions végétatives de la plante, des fonctions sensitives de l'animal, apparaissent des fonctions évidemment plus hautes de connaissance et d'amour, qui sont irréductibles à la sensation et à l'appétition animales, et qui relèvent d'un principe vital transcendant, comme nous le démontrerons prochainement. Aussi ne faisons-nous pas, de ces fonctions *proprement humaines*, un *3ᵐᵉ groupe et 3ᵐᵉ degré* de fonctions matérielles vivantes. L'homme est un *végétatif* et un *sensitif* assurément, mais il n'est pas uniquement une *plante* ou un *animal ;* il est en plus un *rationnel*, un *spirituel*, un vivant *immatériel ;*

---

sement et conséquemment de *nutrition*. — Ce qui est spécial et spécifique dans l'animal, c'est le *sens* cognoscitif et appétitif ; de sorte qu'il s'appellerait plus justement le *sensitif*, si l'on voulait nommer *animal* tout ce qui est vivant et *animé*.

il est donc un *composé de vie organique et de vie inorganique;* et c'est dans un article à part qu'il faut l'étudier, si l'on ne veut s'exposer au danger de le dégrader par un procédé voisin de la méthode matérialiste.

THÉORÈME X.

Dans la matière vivante, soit végétale soit animale, la vie n'est pas seulement substantielle; elle est vraiment substance *et* substratum *des phénomènes vitaux et des accidents physico-chimiques; cette vie est douée d'une* unité *plus complexe, plus compréhensive, et en même temps plus étroite, plus forte, plus active, que l'unité de la substance inerte; mais elle n'est pas absolument simple, et l'on retrouve en elle le dualisme actif et passif, matériel et formel, que nous avons déjà noté dans les corps bruts; le* principe actif, *ici appelé* forme *ou* force substantielle vitale, *procède d'une* vie antérieure, *d'une* cellule génératrice; *il en reçoit une cellule propre d'où il peut faire rayonner son action vivifiante sur un groupe plus ou moins nombreux de nouvelles cellules qu'il produit à son tour, et qui lui demeurent unies ou se séparent de lui pour constituer des êtres nouveaux semblables à lui; le* principe passif, *ici appelé* matière vivante *ou* organique, *est d'abord fourni par la* cellule-mère, *puis emprunté par le nouvel être au milieu ambiant, pour constituer peu à peu les éléments et organes d'un vivant plus ou moins complexe, selon la loi de son espèce ; la* mort essentielle *survient dans ce composé par la séparation du principe vital et de la portion de matière indispensable à l'exercice du mouvement spontané sans lequel la vie lui est impossible ; la mort* partielle *ou* secondaire, *qui précède ou qui suit la mort essentielle, survient quand une cellule ou un ensemble de cellules accessoires se trouvent définitivement soustraits à l'influence du principe vital encore existant, ou déjà disparu mais prolongeant d'une certaine façon ses impulsions physiques antérieures ; l'*âme végétative *et l'*âme sensitive, *comme la philosophie appelle les deux forces essentielles de la vie matérielle, ne préexistent donc pas au corps et ne lui survivent pas, car elles ne pourraient sans lui accomplir aucune opération, remplir aucune fonction ; or un vivant sans opération et sans fonction n'est plus un vivant, mais seulement le reste misérable d'un végétal ou d'un animal.*

1. — La *vie* du végétal et de l'animal n'est pas une perfection, un mouvement, un phénomène, accidentellement et accessoirement *ajoutés* à la matière brute, à peu près comme un courant magnétique ou un supplément de calorique : elle est la *chose vivante* elle-même ; car *toute cette chose vivante* n'est plus une molécule inerte, un édifice de molécules inertes, mais une cellule ou un groupe de cellules en mouvement interne et spontané. — Les accidents, les

accessoires, les motions, les phénomènes, qui se produisent dans l'intime de la substance vivante, y sont vivants comme elle et par elle, — puisqu'ils sont les êtres secondaires d'un être primaire *qui vit* et leur communique quelque chose de sa vie. D'où il suit que la *vie* est bien un être substantiel, c'est-à-dire le *substratum* permanent d'accidents qui *vivent* en lui, et cela au degré précis où ils *existent* en lui. La quantité, l'étendue, la pesanteur, le mouvement extérieur d'un arbre ou d'un animal en vie, suivent sans doute les lois fondamentales de la quantité, de l'étendue, de la pesanteur et du mouvement dans le monde inorganique ; mais cela ne les empêche pas de vivre au-dessus de ces lois, les respectant en partie mais les dépassant de beaucoup, — comme quand les sensitives relèvent leurs feuilles abaissées et pour ainsi dire fanées au contact de ma main, — et comme quand l'insecte monte, grimpe, saute, bien au-delà des limites où les simples forces attractives peuvent porter les corps bruts.

2. — *L'unité vitale* est autrement *compréhensive* et *intensive* que celle de la matière inerte. — Elle ne se borne pas à combiner des atomes en molécules simples ou composées, ni à faire cristalliser des molécules homogènes en un seul volume. — Elle ne se contente même pas de réunir, par simple cohésion ou adhérence, les *cellules homogènes* qui se sont multipliées dans la sphère de son influence.

— Le plus souvent elle groupe des milliers sinon des millions de cellules tout à fait *différentes* de figure, de fonction, d'opération, qui forment un seul corps parfois très considérable ; et si peut-être elle laisse à chacune d'elles sa vie individuelle, son âme propre, elle leur prépose à toutes un principe supérieur qui les gouverne et les fait concourir à des actions d'ensemble, par exemple à la nutrition et à la reproduction. — Suivant cette hypothèse [1], l'*âme principale* résiderait sans doute dans la cellule primitive où elle aurait d'abord reçu l'existence. Mais il est plus vraisemblable que cette âme principale est *unique* dans le corps entier, et qu'elle étend son pouvoir d'animation, d'information, de vitalisation, à toutes les cellules qui viennent s'adjoindre à celle où elle a pris naissance et gardé résidence.

3. — Quelque opinion qu'on admette à ce sujet, on doit reconnaître que l'*unité vitale* est plus vaste et plus continue que l'unité des corps bruts. Entre molécules et molécules, il y a évidemment une distance, un intervalle ; sans doute aussi il y en a entre les atomes composant tous les corps. Mais la genèse des cellules vivantes paraît bien comporter, entre celles qui produisent et celles qui sont produites, une continuité très réelle d'abord, qui peut

---

[1]. On observera que nous ne parlons pas encore de l'animation *dans l'homme.*

se relâcher ensuite et qui effectivement se relâche souvent jusqu'à séparation complète.

4. — Si *continu* et si *un* que soit le tissu organique de la matière vivante, son principe vital n'est pourtant pas d'une absolue simplicité. Il n'est pas entièrement dégagé de toute matérialité, de toute passivité ; il ne doit pas être considéré comme une sorte d'âme intellectuelle, comme un pur esprit ; mais, étant substantiellement combiné avec le principe passif et matériel, il en a autant besoin que celui-ci de lui ; ils existent et ils vivent l'un avec l'autre, l'un moyennant l'autre, l'un dans l'autre ; et finalement on retrouve dans la vie soit végétale soit animale le dualisme essentiel à la substance corporelle inanimée [1]. — L'activité du principe vital ne lui confère donc pas le privilège de naître et d'exister sans matière, ni par conséquent de survivre à la rupture du lien qui le rattache à son minimum indispensable d'élément matériel. — La *mort* des plantes et des animaux a ainsi un résultat qu'elle n'a pas relativement à l'âme humaine : elle supprime leur principe vital, leur force vitale, leur âme végé-

---

[1]. Voir *théorème* IV. — Cette nécessité, pour la forme substantielle, soit *inorganique* soit *végétale* ou *animale*, d'être unie à la matière première afin de pouvoir exister, suppose qu'une quantité *minima* de cette matière lui est affectée. S'il n'en est pas ainsi, la philosophie d'autrefois enseigne que le composé cessera d'exister ; et la science d'aujourd'hui ne semble pas y contredire dans son exposé des lois de la combinaison chimique, notamment dans celle des proportions déterminées.

tative et sensitive ; et nul homme instruit ne peut se demander où passent les formes substantielles de la plante et de l'animal, lorsque ces êtres cessent de vivre. Elles ne passent nulle part, elles tombent dans le néant, — tandis que la matière qu'elles animaient entre dans quelque nouveau composé chimique, inorganique ou organique.

5. — N'ayant pas à être anéantie par Dieu pour cesser d'exister, l'âme végétative ou sensitive n'a pas non plus à être *créée* par lui, à l'exemple de l'âme intellective ou humaine, pour commencer d'exister. — Les actions physico-chimiques dont les végétaux et les animaux ont été rendus capables au moment même de la création primitive, suffisent à multiplier leurs cellules ainsi *douées de vie*, et à propager indéfiniment, par cette multiplication génératrice, la série des vivants dans chaque espèce. — Ainsi toute cellule antécédente est comme une source d'où sort la cellule subséquente, animée de l'âme et de la vie même de sa mère. Au fond, c'est plutôt la matière qui entraîne l'âme à vivre dans un nouveau corps, que l'âme n'entraîne la production de ce même corps nouveau [1]. Il est vrai que si l'âme n'informait la cellule-mère, on ne verrait apparaître aucune multiplication, aucune

---

1. Ce fait se remarque même dans la génération humaine, car c'est la production matérielle du corps par les parents qui détermine infailliblement la création de l'âme par Dieu. Voir *p.* 104.

reproduction, — de sorte que l'hégémonie de la forme substantielle, de la force vitale, est sauvegardée dans la période même où elle semblerait quelque peu menacée.

6. — La cellule-mère appelée de la sorte à se multiplier, à se reproduire, a pu acquérir des qualités spéciales, des perfections ou des imperfections, au cours de sa durée individuelle et par suite de ses rapports avec d'autres êtres dont elle a subi l'influence. Sa reproduction ne fait que partager avec la cellule nouvelle, et avec la série qui en découlera, son patrimoine et son avoir propres; de là, des cas fréquents et très évidents d'*hérédité*, voire même d'*atavisme*, qui se rencontrent jusque dans les *corps humains,* — mais qui ne sauraient se produire entre les *âmes intelligentes*, spirituelles, précisément parce qu'elles ne naissent pas l'une de l'autre mais sont directement créées par Dieu, comme nous le verrons plus tard. L'amélioration successive des espèces organiques, par la fixation et la transmission de leurs propriétés accidentelles, est donc un corollaire logique et tout ensemble physique de la nature même de la vie végétale ou animale; et loin d'en prendre ombrage ou scandale, une sage philosophie doit en tirer une preuve nouvelle de la réalité et de la substantialité de la vie : car, si aucun lien réel et substantiel ne rattachait entre eux les actes et les

mouvements de la matière vivante, comment expliquerait-on ces phénomènes *héréditaires* et surtout *ataviques ?*

7. — Je ne veux pas laisser croire que toujours la cellule-mère engendre une cellule entièrement semblable à celle dont elle-même procède. Non, car il survient fréquemment des modifications, des adaptations, des transformations, dans les cellules naissantes, qui perdent leur enveloppe et tirent de leur protoplasme, de leur noyau principalement, les fibres ou les os, les nerfs ou les muscles, les tissus spéciaux et les organes dont l'être complexe et total a besoin pour grandir, agir, se maintenir, se reproduire. Cette transformation merveilleuse est encore une indéniable raison d'admettre l'existence d'un principe central et unique, d'une idée directrice, d'une force plastique, dont relèvent tous les éléments constitutifs d'un végétal ou d'un animal, — surtout quand ce sujet appartient à une catégorie assez élevée dans l'échelle organique [1].

---

1. Très souvent les parties même principales des végétaux et des animaux inférieurs se séparent bien plus facilement que celles des animaux supérieurs, et continuent de vivre dans cette désunion, moyennant certaines conditions de sol et de milieu qui alimentent le jeu de leurs fonctions. On en conclurait indûment que le principe vital, l'âme, est alors *divisible*. La meilleure interprétation philosophique de ces faits est que chacune des parties ainsi capables de vivre séparées est un *être spécial* déjà tout formé avant la division, et que leur ensemble est tout simplement une *colonie* empruntant à certains de ses membres, aux racines par exemple, des services nécessaires à tous.

THEORÈME XI.

Les formes organiques et sensibles de la matière vivante, son anatomie et sa morphologie, ont assurément une grande importance pour la classification du monde végétal et animal; cette importance n'est cependant pas de premier ordre, car les êtres vivants ne se distinguent pas essentiellement par leur figure géométrique, mais par leur nature, leurs puissances, leurs opérations; les classifications scientifiques n'ont donc pas tout à fait le même sens et la même portée que les classifications philosophiques, *celles-ci ayant ordinairement une signification plus profonde et une étendue plus considérable; ainsi, pour la philosophie proprement dite, le végétal est spécifiquement tout ce qui vit matériellement sans connaissance ni appétition sensitives; tandis que l'animal est spécifiquement tout ce qui vit matériellement avec connaissance et appétition sensitives; les recherches philosophiques et scientifiques sur l'évolution et l'évolutionnisme doivent tenir compte de cette diversité de concepts et de formules.*

1. — Dans le règne purement minéral, la construction géométrique des molécules a un si grand intérêt, que beaucoup de savants actuels placent la distinction essentielle de ces molécules dans la disposition locale des atomes dont elles sont formées, — de même que la distinction essentielle des agrégats moléculaires, dans la conformation et la figure de

leurs cristaux. — Mais, dans le règne végétal ou animal, la forme des cellules et la configuration générale de l'être vivant n'expliquent presque rien de sa nature intime, et ne le distinguent que très superficiellement des autres. La science constate assurément une merveilleuse adaptation des formes aux fonctions, de la morphologie à la physiologie, de l'anatomie à la biologie. Elle constate également, mais avec plus d'hésitations et d'incertitudes, la vérité des classifications fondées sur les caractères morphologiques les plus visibles et les plus constants. — Néanmoins, elle les voit si fréquemment et parfois si largement varier, qu'elle est très prudente quand il s'agit de leur attribuer une valeur absolue, et d'en faire des centres ou des types bien déterminés de genres, d'espèces, de races, de familles.

2. — La philosophie attache encore moins d'importance à ces formes extérieures ou anatomiques. Elle sait parfaitement bien que la vie n'est pas un phénomène morphologique ; que le végétal peut ressembler de fort près à l'animal et l'animal au végétal, sans sortir pour cela de leur domaine respectif ; qu'ils évoluent tous deux sous l'influence des milieux, des nécessités, des interventions humaines, des accidents, des maladies ; que des oscillations extérieures, parfois cependant très amples, ne suffisent pas à fonder ni à justifier des classifications durables ; que s'il est indispensable aux

sciences particulières de pousser fort avant et dans le dernier détail ces distinctions, la science universelle et transcendante ne peut ni ne doit en tenir un compte égal ; que les individualités concrètes, si elles lui sont nécessaires à décrire dans une certaine mesure, lui sont impossibles à expliquer complètement et métaphysiquement.

3. — C'est pourquoi la philosophie ne se préoccupe réellement guère que des genres et des espèces [1], laissant les autres modes ou termes de classification aux sciences spéciales, aux études particulières. — Quand elle a, par exemple, déterminé ce qu'il y a de plus rigoureusement essentiel pour définir le végétal et l'animal ; quand elle a trouvé au-dessus d'eux le lien logique qui les unit immédiatement l'un à l'autre, elle s'arrête à ces deux degrés, à cette *espèce* et à ce *genre*, sans chercher à remonter plus haut ni à descendre plus bas. — Ce qu'elle nomme *espèce* est l'ensemble des caractères, des faits, sans lesquels le végétal

---

[1]. Pour elle, le *genre* est une classe encore indéterminée et imprécise, que la *différence spécifique* complète et transforme en *espèce*. L'*essence* des êtres est donc ébauchée dans le genre et déterminée dans l'espèce. Le genre et l'espèce ne sont pas purement *logiques* et *abstraits*, puisqu'on les trouve fondés et réalisés dans les *individus*, et que la raison les en dégage, les en abstrait. Ils ne sont pas purement *réels* non plus, puisque ce sont des *généralisations*, des *universalisations*, qui n'existent formellement nulle part, ni en Dieu, ni dans la nature. Ce sont des *concepts généraux et abstraits* s'adaptant à la réalité concrète, et dérivés d'elle moyennant notre raison.

n'aurait pas sa vie propre, sans lesquels l'animal n'existerait pas comme tel. — Ce qui fait le végétal, c'est d'avoir un organisme vivant, capable de mouvement intime et spontané : et tout être ayant cette vie organique, cette puissance motrice, est philosophiquement de l'espèce *végétale*. — Ce qui fait ensuite l'animal, c'est d'avoir un organisme vivant, automoteur, capable de connaissance et d'appétition sensitives : et tout être ayant cette vie organique, automotrice, avec cette puissance de sensation et d'appétition, est philosophiquement de l'espèce animale. — Otons la note spécifiquement propre au végétal, et la note spécifiquement propre à l'animal : il restera une note commune à l'un et à l'autre, *la vie organique, automotrice ;* et ce sera leur *genre commun* [1]. — Ce qui est au-dessus du genre ou au-dessous de l'espèce, ce qui est à côté de l'un ou de l'autre sans leur être essentiel, doit être considéré comme philosophiquement secondaire et accidentel par rapport à eux, — quoique ce puisse être scientifiquement indispensable par rapport aux êtres individuels qui dépendent d'eux :

---

[1]. Philosophiquement, on conçoit une vie *organique* incapable de se reproduire, mais ce n'est plus précisément la vie *végétale*. De même on conçoit une vie *animale* ne se reproduisant pas. La puissance de se *nourrir* ne semble pas plus essentielle, quand on se place au point de vue de la pure théorie, pour définir le végétal et l'animal. Mais c'est surtout des faits que la philosophie doit s'inspirer, lors même que ses spéculations la font planer au-dessus d'eux.

ainsi, avoir telle ou telle forme anatomique est scientifiquement essentiel pour *cette* plante ou pour *cet* animal ; mais philosophiquement ils sont *plante* ou *animal*, ils appartiennent à ce genre ou à cette espèce, indépendamment du plan sur lequel ils sont formés.

4. — La question de l'*évolution*, si bruyamment agitée depuis un certain nombre d'années, n'a donc pas tout à fait la même signification pour la philosophie et pour la biologie ; elle n'a pas non plus les mêmes difficultés. — Quand un philosophe l'examine, il se demande si jamais un corps brut est devenu un végétal, si jamais un végétal est devenu un animal, et si jamais un animal est devenu un homme. La réponse n'est pas longue à trouver, et déjà précédemment nous l'avons donnée : nulle nature ne saurait franchir d'elle-même la distance *essentielle* qui la sépare d'une nature *spécifiquement supérieure*; on ne se donne pas à soi-même ce qu'on n'a pas même à l'état latent [1]. Peu importent la quantité ou la qualité de matière organique afférente à ce végétal, à cet animal, à cet homme ; une tige ou des feuilles variant de taille et de forme ne spécifieront pas autrement la plante qui évolue, et n'en feront pas un animal ; des os ou un cerveau plus ou moins agrandis, plus ou moins rétrécis, ne

---

1. Voyez ci-dessus, *pp.* 49-52.

feront point passer un animal à l'espèce humaine, ni un homme à l'espèce animale ; la morphologie est certainement ajustée aux natures et aux fonctions, mais elle ne les crée pas ; le singe le plus ressemblant aux pires sauvages n'en serait pas un ; et l'homme le plus voisin, figurativement parlant, du chimpanzé ou de l'orang-outang n'en est pas un. C'est par les fonctions et les opérations, surtout internes, que le végétal, l'animal, l'homme, se distinguent essentiellement et spécifiquement ; et s'il avait plu au créateur de donner à l'homme l'apparence morphologique du lion, au lion celle de l'homme, les rôles essentiels n'en auraient pas été intervertis : l'homme serait resté homme sous sa crinière, de même que le lion serait resté animal en sa forme bipède. Ainsi parle la philosophie [1]. — Les sciences naturelles considèrent autre chose et

[1]. En parlant ainsi, elle ne vise que la morphologie *accidentelle*, secondaire, accessoire. Elle sait qu'il y en a une autre, *essentielle* et substantielle, consistant dans l'accommodation indispensable d'un instrument à l'effet qu'on lui demande. — Pour servir comme il faut au fonctionnement de l'intelligence et de la volonté humaines, toutes deux immatérielles, la connaissance et l'appétition sensibles ont toutes deux besoin d'organes matériels, spécialement adaptés à ce but supérieur. L'anatomie aurait donc pu arriver à reconnaître, dans un cerveau humain, ce qui l'eût essentiellement et spécifiquement distingué d'un cerveau non-humain, lors même que la puissance créatrice se serait plu à en faire un très semblable au premier en tout le reste. — Par contre, les innombrables variétés et différences qu'on observe dans la conformation des hommes, dans la conformation même de leurs cerveaux, ne les empêchent pas d'être de la

raisonnent autrement. Elles veulent savoir si l'évolution *morphologique* est indéfiniment possible ; si la molécule inorganique a pu de soi-même devenir la cellule vivante ; si les minéraux ont pu se transformer en végétaux, ceux-ci en animaux et finalement en hommes ; si l'homme évoluera davantage, soit pour avancer, soit pour reculer dans l'échelle des êtres. Les sciences se le demandent, et très généralement elles renferment, en des limites assez restreintes, le pouvoir évolutif qu'elles accordent avec raison au végétal, à l'animal, à l'homme même, chacun demeurant en son ordre et en son domaine propre. Les recherches de physiologie ou de biologie comparées sont très utiles pour fixer les conditions et les variations de ce pouvoir ; mais on ne doit pas en exagérer la portée, — ni croire par exemple que la raison et la foi seraient en grand péril, le jour où l'on démontrerait qu'un animal d'organisation inférieure s'est graduellement élevé à la dignité de singe dans l'armée zoologique [1]. Les

même espèce humaine. — Les phénomènes tératologiques ne s'y opposent pas non plus, s'ils affectent seulement ce que nous appelons la morphologie accessoire, accidentelle.

1. Nous avons touché ce point antérieurement, *p.* 52, *note* 1, et nous observons que, dans le monde des êtres microscopiques principalement, les lois de la création s'accommodent fort bien de variations, d'alternances, de transformations, dont la philosophie doit bien s'accommoder elle-même. — Quant à la grande difficulté pratique de distinguer, dans les *protistes* par exemple, ce qui est

développements progressifs de l'embryon animal et humain, le passage de larves et de nymphes obscures au rang de brillants papillons, nous fournissent chaque jour des spécimens authentiques, et philosophiquement très innocents, de ces changements morphologiques dont beaucoup d'esprits, d'ailleurs distingués, s'exagèrent peut-être l'importance pour l'interprétation rationnelle et religieuse des origines du monde vivant [1].

5. — La philosophie aimerait de savoir clairement pourquoi et dans quelles limites précises s'exerce le pouvoir évolutif, dont les observations

---

végétal et ce qui est animal, elle ne prouve ni pour ni contre l'évolution comme *fait* ; elle confirme seulement ce que nous ne savons que trop par ailleurs, la faiblesse de notre esprit et l'imperfection de nos instruments.

1. Si nous limitons à des considérations très supérieures, très générales, le rôle effectif de la philosophie dans l'examen du problème épineux de l'évolution, nous ne faisons nullement bon marché des arguments particuliers et secondaires que les autres sciences opposent victorieusement, selon nous, sur des points de détail et dans leur domaine propre, aux prétentions de l'évolutionnisme intégral, soit panthéiste soit matérialiste. La philosophie n'applaudit pas seulement, elle aide aussi beaucoup à la défense de la vérité dans ces matières, en y maintenant l'esprit de logique, la méthode du bon sens, les principes fondamentaux de tout savoir. Mais elle respecte, comme elle le doit, le travail autonome des savants, et n'empiète pas sur le terrain des spécialistes. A cette condition, elle est elle-même respectée ; et si le plan de bataille lui est commun avec la science, chacune lutte avec ses armes à soi, et dans son ordre caractéristique. Cela s'applique évidemment à l'intervention de la théologie elle-même.

scientifiques lui attestent indubitablement la réalité dans l'ordre végétal et dans l'ordre animal. — Elle est malheureusement obligée à se contenter de simples conjectures, en attendant que la science même lui fournisse de plus abondantes données. Il lui semble pourtant que c'est dans le fait certain de la *spontanéité*, dans le mouvement interne et vital, que l'on trouvera surtout la solution du problème. Cette spontanéité, si les conditions dont elle dépend en partie lui sont favorables, ne manque pas d'accroître accidentellement la perfection de l'être automoteur. Si elle est contrariée, comprimée, déviée et diminuée par des conditions défavorables, l'être automoteur se trouve privé d'une partie de sa perfection ; il se meut plus difficilement, moins régulièrement et moins fructueusement. — La spontanéité vitale paraît donc toujours évoluer en bien ou en mal. — Quand c'est en *bien*, on peut être assuré que jamais le résultat ne sera la transformation spécifique de l'être, ni son passage d'un genre ou d'une espèce philosophiquement inférieurs, à un genre ou à une espèce philosophiquement supérieurs : les forces lui manquent pour cela. — Quand c'est en *mal* que sa spontanéité évolue, il ne changera non plus jamais de nature ; il descendra seulement par degrés jusqu'à l'épuisement complet de ses forces, et il mourra. — Ainsi l'évolution se fait uniquement dans les limites de l'*accidentel* ; et de fait, nul végétal ne s'est changé en animal, nul animal en homme, nul homme individuel ou collectif en *surhomme* particulier ou social. Les preuves et les espérances d'un tel changement sont également vaines.

ARTICLE III

Le Composé Humain.

THÉORÈME XII.

De même que la vie sensitive ou animale inclut la vie végétative, en la perfectionnant et en y ajoutant des puissances nouvelles auxquelles la plante ne s'élèverait jamais d'elle-même, ainsi la vie humaine inclut la vie sensitive ou animale, en la perfectionnant et en y ajoutant des puissances spécifiquement supérieures, essentiellement transcendantes; ces puissances sont inorganiques et immatérielles, appartenant à une nature spirituelle qui se manifeste surtout par des actes de raison; l'homme a donc été justement défini, dans l'antiquité, un animal *raisonnable ou* intelligent, *et plus récemment, un* composé *de vie corporelle et de vie spirituelle, un* composé *de corps matériel informé ou passif, et d'âme immatérielle informante ou active.*

1. — Physiquement, il y a une curieuse inclusion, et pour ainsi dire un emboîtement admirable de la matière brute dans la matière organique végétale, de celle-ci dans la matière organique animale, de cette dernière enfin dans l'être organique

humain. — Les fonctions végétatives de nutrition et de reproduction se retrouvent, avec un degré supérieur d'activité, dans l'animal ; et elles y sont complétées par des fonctions de sensation et d'appétition qui constituent un degré spécifiquement nouveau de vie. — Dans l'homme, la nutrition et la reproduction du végétal, la sensation et l'appétition de l'animal, fonctionnent avec une supériorité manifeste, qui en dépit de certaines perfections d'apparence plus flatteuse dans l'animal, — en dépit par exemple d'une force musculaire, d'une agilité, plus grandes dans le lion et dans l'aigle que dans l'homme, — font que celui-ci, au total, est mieux doué que les êtres botaniques ou zoologiques, quant à l'ensemble et à l'essence même de la vie végétative et de la vie sensitive.

2. — Mais telle n'est pas seulement la supériorité de l'homme. S'il n'avait que celle-là, il ne serait qu'un animal actuellement plus parfait que les autres, comme le prétendent les matérialistes et les positivistes ; et si, dans cette hypothèse, on pouvait admettre une évolution animale aboutissant à l'homme, on pourrait en admettre une autre dépassant l'homme d'aujourd'hui et arrivant à un *surhomme*, à un *superhomme*, que d'aucuns nous annoncent et nous garantissent. — La philosophie, en droit et en devoir d'examiner la question, constate d'abord que ni le matérialisme ni le positi-

visme n'ont jamais observé la transformation anatomique, morphologique, de l'animal en homme ; et qu'ils n'ont pu, sans des exagérations injustifiables, essayer d'établir un passage continu entre les facultés animales et les facultés spécifiquement humaines. — Elle constate ensuite que des puissances spécifiques, essentielles, se trouvent dans l'homme seul et n'ont pas d'équivalents réels dans l'animal même le plus parfait. Que celui-ci ait des sensations et des appétitions organiques, et qu'il y en ait pareillement dans l'homme, c'est chose entièrement certaine et qui prouve que par un côté de son être l'homme est un animal. Mais, outre cette vie organique, sensitive, il en a une autre qui est inorganique, suprasensitive, comme nous allons l'établir brièvement.

3. — Fait indubitable, l'homme a des *connaissances abstraites* qui ne représentent pas précisément les *choses concrètes* comme elles sont, c'est-à-dire identifiées avec leurs apparences sensibles et leurs propriétés matérielles. Tandis que les *arbres*, par exemple, n'existent qu'avec telles conditions physiques et physiologiques, avec telle couleur et telle stature, telles feuilles et tels fruits, nous connaissons *l'arbre typique*, le genre *arbre* ou l'espèce *chêne*, n'existant sans doute pas dans cette forme abstraite, mais étant néanmoins et très utilement connus de nous dans l'état d'abstraction que nous

leur donnons : témoin la science de la botanique, l'art de la construction, etc. — Or la *sensation* de l'animal et la nôtre ne représentent jamais que des objets matériels *concrets*, et en tant que concrets. Si les sens, les nôtres ou ceux des animaux, arrivaient à des connaissances *abstraites*, ils arriveraient du même coup à des *principes* scientifiques, à des *règles* pratiques ou artistiques, dont jamais nulle trace n'a été relevée dans les animaux jeunes ou vieux, mais dont le germe s'aperçoit déjà dans l'enfant encore au berceau. C'est donc qu'en naissant l'homme possède, et qu'après un certain laps de temps il exerce, une puissance cognoscitive qui n'est pas dans l'animal.

4. — Autre fait indéniable et analogue au précédent : l'homme a des connaissances *universelles*, qui ne représentent pas précisément les choses concrètes comme elles sont, c'est-à-dire, strictement individuelles. Ni l'espèce ni le genre, ni le bien ni le beau en soi, ne sont des êtres qui puissent se sentir, se voir, se toucher, sous la forme indéfinie et illimitée que nous leur prêtons en les étudiant intellectuellement avec une justesse à chaque instant parfaitement contrôlée. Toute la science humaine se traduit en connaissances ainsi généralisées et universalisées ; toute logique, toute méthode, tout procédé scientifique, présupposent nécessairement la généralisation et l'universalité de maint concept

sans lequel nous serions purement et simplement des animaux incapables de science. — En revanche, si l'animal pensait par généralisation, il créerait tout aussitôt des *sciences* dont jamais et nulle part il n'a fait la moindre preuve. L'homme a donc seul une puissance d'universaliser qui le met dans une catégorie transcendante, relativement à la vie animale et à l'action de connaissance zoologique.

5. — C'est à ce double fait de l'*abstraction* et de l'*universalisation*, inconnues chez l'animal et constamment réalisées chez l'homme, que celui-ci doit d'avoir un *idéal*, de faire des *progrès*, de pouvoir exercer une *critique* judicieuse sur ses œuvres ou celles d'autrui. — L'animal connaît par sensation ce qui existe matériellement ; et comme le mieux et l'excellent, simplement possibles et non encore réalisés, ne sont qu'à l'état d'*idée* et non à celui d'*acte matériel*, la sensation ne saurait les atteindre, ni s'en servir avec réflexion comme de but, de règle et de mesure. On n'a jamais surpris de progrès scientifiques ou artistiques proprement dits parmi les animaux ; tout au plus font-ils *plus aisément* ce qu'ils ont pris l'habitude de faire. Ils savent d'instinct tout l'essentiel de leurs opérations ; l'abeille ne montre pas moins de géométrie pratique à son premier travail qu'à son dernier. — Si des progrès réels se remarquent dans l'ordre zoologique et même dans l'ordre botanique, ils sont

pareillement instinctifs, non cherchés mais produits sans tâtonnements ni efforts, sans recommencements ni corrections systématiques. Ils proviennent le plus souvent de l'intervention humaine, ou de certaines autres causes extérieures de nature physique et nécessitante, comme du plus ou moins de chaleur et d'humidité, du plus ou moins de nourriture favorable au développement de tel et tel organe, etc. — Ces circonstances et ressources avantageuses favorisent assurément aussi l'amélioration de la race humaine, mais elles n'expliquent pas la présence en elle des faits intellectuels que nous venons de signaler : autrement elles les produiraient aussi dans l'animal, où jamais elles ne les ont fait apparaître à quelque degré que ce fût. Il y a donc en nous un élément supramatériel et suprasensitif qui n'appartient pas à la vie corporelle.

6. — Cette vie sensitive se complète, dans l'animal, par des actes appétitifs d'amour ou de haine, de désir ou de crainte, d'espoir ou de regret. On les trouve plus parfaits et plus nombreux, quoique pareillement organiques et sensibles, dans l'homme, qui sous ce rapport aussi est de la catégorie zoologique. — Mais, au-dessus de ces mouvements instinctifs, qui parfois sont purement *réflexes* et parfois *conscients*, — répondant, s'ils sont réflexes, à une excitation purement mécanique, et s'ils sont conscients, à une sensation cognoscitive qui les sollicite

plus ou moins fortement[1], — au-dessus, dis-je, de ces mouvements instinctifs d'appétition, nous en éprouvons d'autres qui ne sont plus provoqués par des objets matériels, par des impressions sensibles. Ils ont pour objet le bien en général, la vertu, le droit, l'honneur, choses d'ordre supramatériel évidemment ; ils sont excités par des connaissances abstraites, universelles, idéales, d'ordre évidemment suprasensible.— Ces appétitions ou volitions, comme on les appelle, ne se manifestent en aucune façon dans les animaux. Rien, absolument rien, ne décèle en eux la moindre préoccupation d'ordre moral, juridique, esthétique, déontologique. Si certaines espèces zoologiques sont d'humeur relativement douce et sociable, c'est sans attention aux règles de la douceur et de la sociabilité, sans application de ces règles aux objets qu'elles prescrivent, sans répression ni blâme des excès et des abus qu'elles

---

[1]. Au sens primitif du mot, l'*instinct* est une motion, une impulsion, que l'être fini reçoit de l'être infini, du premier moteur, et qui, dans l'ordre naturel, lui est souvent imprimée sans aucune collaboration consciente de sa part, souvent aussi moyennant une coopération de ce genre. — Mécaniquement et sans s'apercevoir de ce qu'il ressent, de ce qu'il commande, un nerf lésé ou suffisamment excité transforme cette sensation, même *inconsciente* et incomplète, en mouvement exécutif, opératif ; et c'est ce mouvement que les physiologistes actuels appellent *réflexe*. — S'il y a eu *conscience*, le mouvement de répulsion ou de fuite qui s'ébauchera soudain, et qui peut-être sera arrêté par la raison, s'appellera *instinctif ;* si la raison l'approuve, il se nommera *réfléchi*. Voir *théorème* XXVII.

interdisent. L'instinct suffit ici à tout ; et souvent il amène des résultats surprenants, qui seraient vraiment fort louables s'ils étaient librement cherchés et réalisés ; mais ils ne le sont pas, et ne prouvent que la merveilleuse sagesse du tout-puissant moteur de qui ces créatures nécessitées reçoivent de telles impulsions. — L'homme qui obéit librement, nous le verrons plus tard [1], aux injonctions du vrai, du bien, du devoir, possède donc des facultés et une nature supérieures à la vie organique et sensitive.

7. — Non seulement il a des appétitions transcendantes relativement aux appétitions corporelles, mais il peut et doit souvent en produire de contradictoires ou de contraires à celle-ci. Il peut et doit combattre ses désirs ou ses regrets sensibles, supprimer ou réprimer ses impulsions végétatives, *dompter son corps par son âme*, corriger ses instincts et ses passions par ses raisonnements et ses résolutions. — Et quand il le fait, sa conscience lui dit de la manière la plus nette qu'il y a « deux hommes en lui » ; que l'un doit gouverner et régner, l'autre se soumettre et obéir. Le sensible n'est donc pas seul en nous ; ses révoltes ou ses douleurs témoignent assez de la dualité de vie qui constitue notre personne. — L'observation la plus clairvoyante ne

---

1. IIe *partie, ch.* II, *art.* 4.

découvre rien de pareil dans l'être organique de l'animal : il ne lutte pas contre soi-même ; il n'essaie pas de se dégager des contradictions intimes que nous connaissons si bien, et qu'il ne ressent nullement en lui [1].

8. — Les *commandements* qui président à notre existence individuelle, et dont nous ne saurions méconnaître le pouvoir « catégoriquement impératif » ; les lois civiles ou religieuses qui régissent la famille et la société ; les sanctions favorables accordées au mérite, et les sanctions défavorables infligées au démérite ; les injonctions de la conscience, ses approbations ou ses remords, — tous ces faits qui remplissent le monde moral et le subordonnent tout entier à l'autorité et à l'obligation, seraient absolument inintelligibles si l'homme était uniquement un animal. — L'instinct zoologique peut bien présenter des analogies lointaines avec cette législation interne ou externe dont nous portons le poids salutaire : mais on ne trouvera jamais un fait de commandement ou d'obéissance véritables au-dessous du genre humain. L'homme a donc des aptitudes spéciales, des facultés supérieures, une nature transcendante ; il est *supramatériel* en même temps que matériel ; il est *suranimal* en même

---

[1]. L'animal qui hésite à faire ce dont il a déjà été puni, ne lutte pas contre soi par raison de *devoir*, mais par crainte d'un *mal physique* dont il a gardé le fâcheux souvenir.

temps qu'animal ; il est *supraorganique* en même temps qu'organique.

9. — Je termine cette comparaison des facultés sensitives et des puissances suprasensibles, par une remarque sur le *pouvoir d'expression* dont l'homme et l'animal sont diversement doués. Je ne nie pas que l'animal puisse exprimer, par des cris ou des gestes, ses sensations, ses appétitions ; il y a certainement chez lui des signes, individuels et concrets, de faits psychiques également *individuels* et *concrets*. — Nous-mêmes en produisons de pareils instinctivement, surtout dans notre période d'enfance. Mais si notre raison est assez développée pour s'exercer à son tour librement, nos signes parlés ou figurés, notre langage et notre geste, nos sculptures et nos dessins, ne se contentent plus de représenter des phénomènes ou des êtres *concrets*, ni de les exprimer de la manière individuelle qui constitue le *portrait* et l'image photographique : ils représentent aussi des idées abstraites, universelles, des lois générales et durables, des vérités immuables et nécessaires. — L'animal qui gémit ou qui gronde n'énonce pas un théorème ni un principe, mais seulement sa douleur ou sa colère actuelles ; — tandis que les mots de la Bible hébraïque, les figures de la Géométrie d'Euclide, les axiomes philosophiques d'Aristote, les statues symboliques du Forum ou les bas-reliefs mythiques du Par-

thénon, expriment encore aujourd'hui des pensées et des volontés que des milliers d'hommes ont conçues depuis des milliers d'années. — L'immatérialité de nos idées et de nos décisions rationnelles se communique ainsi à tous nos moyens d'expression, qui eux-mêmes s'universalisent et dépassent dans toutes les directions les limites étroites du portrait individuel, de la vue et de l'empreinte photographique.

10. — Il y a donc en nous, je le répète une fois de plus, des puissances et une nature supraorganiques et suprasensibles. Elles appartiennent à la catégorie qu'on appelle, dans la langue latine et dans ses dérivées, l'*esprit*, — chose invisible, intangible, comme le *souffle vital* dont elle a le nom, mais chose infiniment plus *immatérielle* que ce souffle avec lequel on la compare. — Et parce que l'*esprit* se manifeste principalement par la *raison* et l'*intelligence*, c'est-à-dire par la puissance immatérielle de discourir et de connaître au-dessus de la sensation et du sensible, — il prend souvent lui-même le nom d'*intelligence* et de *raison*[1]. — C'est donc à bon droit que l'antiquité gréco-romaine, suivie en cela par la philosophie chrétienne, définit l'homme un *animal raisonnable* ou *intelligent* : — *animal*, car il a la vie organique et sensitive des

---

1. Intelligence = *inter legere* = librement choisir entre divers éléments. Raison = *ratio* = discussion et fixation d'un compte.

êtres zoologiques ; — *intelligent,* car il a aussi la vie de l'esprit ; — *raisonnable,* car il ne sent pas seulement les faits d'ordre physique, il ne les apprécie pas seulement par un instinct nécessitant ; mais il en observe et en étudie les phénomènes avec méthode, pour s'élever de là jusqu'aux principes et aux causes supramatérielles les plus éloignées et les plus sublimes [1].

11. — Non moins scientifiquement, l'homme se définit, par les mêmes motifs, un *composé de vie corporelle et de vie spirituelle.* Il n'est pas uniquement un groupe, une association ; il n'est pas un animal cheminant et agissant de concert avec un esprit ; il est *un seul être,* composé de deux substances ou natures incomplètes mais substantiellement et naturellement unies. Il n'est pas le résultat, *accidentellement un,* d'une vie corporelle et d'une vie spirituelle : il est *un seul vivant,* ayant une double série de fonctions et d'actions vitales intimement coordonnées, étroitement liées les unes aux autres, sans toutefois se confondre jamais entre elles.

12. — Il est donc vraiment un *composé,* non pas le mélange ou la fusion de deux éléments essentiellement différents. — Le premier est un *corps organique* n'ayant pas la vie humaine par lui-même,

---

[1]. Ces objets *supraphysiques* et d'une réalité sublime sont précisément ceux qu'on appelle en grec *métaphysiques* = *au-delà des choses de la nature sensible.*

mais étant apte à la recevoir et à la conserver¹, — un corps, dit Aristote, plutôt en puissance qu'en acte, et de soi, par conséquent, plutôt passif qu'opératif. — Le deuxième, plus parfait incontestablement mais moins obvie, est l'*âme inorganique*, le *principe vital immatériel et spirituel* sans lequel le corps ne vivrait et n'agirait pas, l'âme qui sans le corps ne peut rien recevoir ni faire de sensible, — mais qui peut fort bien, sans lui, recevoir ou produire des perfections d'ordre intellectuel suprasensible. — Cette relation du corps à l'âme, et de l'âme au corps, s'exprime en philosophie traditionnelle par ce double principe : « l'âme spirituelle est la forme substantielle du corps ; » — « cette information aboutit à une seule nature vivante, qui est à la fois esprit et corps. » — Rappellerai-je que le mot de *forme* ne signifie nullement ici la même chose que *figure* en géométrie, ou que *forme* en morphologie² ?

---

1. Un végétal, un animal, ont la *vie* végétative ou sensitive inhérente et partiellement identique à leur organisme lui-même, comme nous l'avons fait entendre. Voir *p.* 71. Mais la *vie humaine*, qui n'est pas seulement matérielle et organique, qui est principalement *immatérielle* et *inorganique*, est manifestement transcendante relativement au corps. Celui-ci, engendré *physiquement* par les parents, ne reçoit d'eux que la vie végétative et la vie sensitive par lesquelles il est apte à recevoir et à conserver la vie intellectuelle et immatérielle, c'est-à-dire, l'âme spirituelle divinement créée pour que ce corps ne soit pas simplement un animal, mais un homme.

2. Comparer ci-dessus, *p.* 26, *n 1-3*, *t p.* 27, *note* 1.

THÉORÈME XIII.

La vie *proprement humaine, c'est-à-dire l'*âme *ou le* principe vital *de l'homme, est véritablement une* substance ; *elle est à elle seule le* substratum *des perfections et opérations spirituelles dont nous sommes capables ; elle est aussi, avec le corps informé par elle, le* substratum *de toutes nos perfections et opérations corporelles ; elle est donc virtuellement végétative et sensitive en même temps que formellement ou essentiellement immatérielle ; c'est pourquoi sa production réclame pour chaque sujet l'intervention, d'ailleurs régulière et normale, de la puissance créatrice ; c'est pourquoi aussi sa séparation d'avec le corps la prive de l'exercice de ses fonctions végétatives et sensitives, mais ne diminue en rien son rôle spirituel et son immortalité substantielle ; c'est elle qui maintient dans l'espèce humaine, au milieu de nombreuses et incessantes variations d'individus, de familles, de races, cette unité fondamentale de type, et même de forme ou de figure extérieure, qui distingue si nettement l'homme de l'animal non raisonnable.*

1. — Ce n'est pas le mouvement *végétatif* ou *sensitif* qui est la vie proprement et spécifiquement humaine, puisque on le trouve dans une infinité d'êtres qui ne sont pas hommes. Notre vrai mouvement vital, celui dont seuls nous sommes doués en ce monde terrestre, est le mouvement *spirituel*, imma-

tériel et inorganique, de l'intelligence ou raison et de la volonté. — Il n'est pas seulement une collection d'actes successifs se produisant par à-coups interminables ; il n'est pas non plus une série qui s'écoule sans interruption, comme un fleuve intarissable ou comme une source de vibrations strictement enchaînées entre elles. Il est cette *substance* à la fois motrice et mobile dont nous avons antérieurement parlé[1] ; et il l'est d'autant plus réellement qu'il n'est pas le moins du monde étendu, — ni nécessairement soutenu, comme la vie végétale ou animale, par une matière sans laquelle il n'aurait aucune existence ni aucune action. — Qu'elle soit bien une substance simple, permanente, toujours identique à soi-même sous l'incessante variété des impulsions et des opérations, — notre vie, notre âme, notre nature humaine, s'en rend témoignage à elle-même par la conscience spontanée de ce qu'elle est et de ce qu'elle fait. L'examen scientifique de son domaine spirituel et même corporel lui démontre une coordination intime, une harmonie rigoureuse, entre tous ses mouvements passifs et actifs, entre tous ses éléments organiques et supraorganiques, entre toutes ses puissances matérielles et immatérielles ; — de sorte qu'elle retrouve, par la réflexion et l'étude, ce qu'elle avait trouvé d'abord par le simple regard

---

1. Au *théorème* X.

de sa conscience rationnelle ou psychologique [1].

2. — Cette vie, cette âme, ce principe vital de l'homme, est le *substratum* d'une multitude de perfections, d'actions, de motions actives ou passives. Celles qui proviennent de l'ordre immatériel, ou lui appartiennent en propre, sont supportées par l'âme seule, comme nos pensées abstraites et nos appétitions supraorganiques ; celles qui proviennent de l'ordre matériel, ou lui appartiennent exclusivement, sont simultanément supportées par le corps animé et par l'âme, immédiatement par l'un et médiatement par l'autre, comme nos sensations et appétitions organiques. — On exprime d'ordinaire ce double fait en disant, très justement d'ailleurs, que notre âme est formellement ou essentiellement immatérielle, — quoique elle fasse fonctions d'âme végétale et d'âme animale dans le corps qu'elle informe et qu'elle vivifie.

3. — Il n'y a donc pas deux ou trois âmes dans le composé humain ; et celui-ci n'est pas un agrégat de vie végétative, de vie sensitive, de vie intellective. Pour la doctrine catholique, comme pour la philosophie traditionnelle et pour le sens commun, l'homme est une seule substance ou nature com-

---

[1]. On donne ce nom de conscience pychologique ou philosophique à la faculté que nous avons de connaître ce qui se passe dans notre être vivant. Le jugement appréciatif de la valeur, bonne ou mauvaise, de ce qui se passe ainsi en nous, appartient à la *conscience morale* et *religieuse*.

plète, constituée par deux substances ou natures incomplètes, l'une matérielle et l'autre immatérielle, l'une corporelle et l'autre spirituelle. Or une nature ou substance complète, si elle vit, n'a qu'un principe vital, qu'une forme substantielle, qu'une âme [1]. L'homme n'en a donc qu'une. — Objectera-t-on qu'on ne peut vraiment dire qu'une âme *spirituelle* soit en même temps *matérielle ?* Oui, le dire serait très faux : aussi ne le disons-nous pas. Mais nous disons que les forces ou puissances *supérieures* peuvent fort bien, si le suprême ordonnateur le veut établir ainsi, remplir à leur manière le rôle ordinairement dévolu aux forces ou puissances *inférieures*. Dieu, qui a créé les principes de l'attraction chimique ou cosmique, peut assurément en produire directement les effets sans être obligé de recourir aux causes immédiates qu'il leur a données. Le pouvoir politique peut attribuer à ses délégués les droits secondaires qu'il communique habituellement à ses employés les plus modestes. Un chef d'armée peut donner les ordres que donnent communément un sergent ou un caporal. Et si Dieu a voulu que l'âme, restant uniquement spirituelle, fît dans le corps humain ce que le principe vital végétatif ou sensitif fait dans la plante ou dans l'animal, qui ou quoi donc s'y opposera ? La

---

1. Si elle en avait deux ou plusieurs, elle ne serait plus *une* nature, *une* substance.

façon de faire sera intrinsèquement différente sans doute, inorganique dans un cas et organique dans l'autre : mais le résultat sera absolument le même. — Objectera-t-on ensuite que des mouvements vitaux se produisent parfois dans le corps, quand l'âme intellective s'en est retirée par la mort ? Nous ferons observer, à l'encontre de cette difficulté, que ces mouvements appartiennent souvent à des êtres secondaires et pour ainsi dire parasitiques, tels que les ongles, les poils, les cheveux ; que s'ils appartiennent au corps lui-même, ils peuvent être la simple prolongation des impulsions communiquées par le principe vital, à la façon des mouvements purement mécaniques se continuant après le choc du moteur, après le contact de la force initiale ; que ni la philosophie ni l'Église ne refusent d'admettre, à côté et au-dessous de l'âme, seule forme substantielle, des formes *accidentelles* et *accessoires*, acquises ou innées [1], qui la secondent dans son rôle essentiel et peuvent lui survivre quelque temps, jusqu'à

---

1. Comme les moralistes, les théologiens signalent souvent les dispositions naturelles, les divers tempéraments, les impulsions héréditaires, les habitudes, dont la physiologie contemporaine montre de mieux en mieux l'inhérence au *substratum* corporel. — La décomposition cadavérique peut elle-même provoquer des détentes, des achèvements, des épuisements pour ainsi dire, de mouvements commencés d'une façon normale ou pathologique dans le vivant. Pour qui sait réfléchir, les découvertes successives de la science apportent de nouvelles solutions aux anciennes difficultés.

complète disparition des conditions nécessaires à leur fonctionnement.

4.— Totalement inorganique, immatérielle, l'âme humaine est un terme absolument transcendant auquel la matière, soit inerte soit vivante, ne saurait jamais atteindre par développement, perfectionnement, évolution ou transformation. Le rôle des parents, dans la production de l'homme, se borne à transmettre les éléments matériels qu'ils ont eux-mêmes reçus de leurs ancêtres. Ces éléments sont incontestablement vivants dans le nouvel être dès qu'il est engendré, — ou bien vivants d'une vie seulement végétative d'abord, ensuite sensitive et enfin totalement humaine, comme l'antiquité l'a cru généralement, — ou bien vivants d'une vie complètement humaine dès le premier instant, moyennant l'âme spirituelle divinement créée au début même de l'existence embryonnaire, comme la philosophie et la théologie modernes inclinent de plus en plus à le penser. — Quoi qu'il en soit de cette animation immédiate ou non, l'*esprit*, par lequel nous sommes des êtres vivants et raisonnables, ne se divise pas entre les parents et l'enfant, ne se transmet point de ceux-là à celui-ci, et conséquemment ne commence jamais d'exister que sur l'ordre de la toute-puissance créatrice, — ainsi que cela se fit incontestablement pour le premier homme et pour la première femme. — Non point qu'il y ait une intervention *extraordinaire, miraculeuse,* dans cette création de chacune des âmes, de chacun des anneaux qui viennent s'ajouter à la chaîne du genre humain : mais une loi universelle et portée une fois pour toutes, — comme le sont d'ailleurs toutes les lois du monde physique et physiologique, — veut que tout embryon d'homme reçoive l'âme d'homme qu'il lui faut ; et cette volonté divine, unique et immuable, produit infailliblement son effet dès que les conditions prévues et posées par elle à l'origine des choses se réalisent dans la grande famille humaine.

5. — Les cellules fournies à l'être nouveau par ses parents sont plus ou moins imprégnées de qualités ataviques, bonnes ou mauvaises, qui ajoutent au type primitif en des temps et des milieux favorables ou défavorables, et qui se développent dans tel ou tel sens, avec tel profit ou tel désavantage pour le fonctionnement des facultés humaines. — A cet héritage, chacun de nous apporte ensuite, au cours de son existence, un supplément qui l'individualise de plus en plus, soit en bien soit en mal [1]. — Cependant l'influence du type spécifique reste prédominante, au point de ramener chaque enfant, chaque famille, chaque peuple, chaque race, à un état d'inculture et d'indigence mentales

---

1. Voir *p.* 73 et 83.

auquel le genre humain ne peut échapper que par une éducation et une instruction rationnellement dirigées, continuellement recommencées de génération en génération, et toujours infatigablement poursuivies.

6. — Toutes les âmes sont d'égale nature, d'égale valeur ; et Dieu, en les créant, ne refuse rien d'essentiel à aucune. Mais l'élément corporel, d'origine familiale et ancestrale, varie souvent, et parfois beaucoup, d'un sujet à l'autre. Les fonctions végétatives et sensitives fournissent donc un service très inégal à l'intelligence, à la volonté. Les conditions morphologiques et physiologiques se trouvent elles-mêmes très diversifiées. Les dissemblances s'accusent à l'intérieur et à l'extérieur dans la façon d'être et d'agir, — mais sans jamais rompre avec le type primitif et central, — sans jamais rendre méconnaissables les caractères communs du genre humain, ni dans ses différentes races, tribus, familles, ni dans ses innombrables individualités.

7. — L'homme meurt ainsi que le végétal et l'animal, mais non pas tout entier comme eux. Sans doute son élément *corporel* se décompose comme le leur, et peut rentrer successivement dans des combinaisons chimiques fort variées ; — mais son élément *spirituel*, sa forme vitale et substantielle, son âme, ne se dissout pas, ne s'anéantit pas, ne change pas de nature. — Elle ne peut plus, en son

état d'âme séparée, et avant la résurrection dont la foi chrétienne l'encourage ou la menace, exercer d'actes végétatifs ni sensitifs, non par faute de puissance, mais par faute de moyens et d'organes ; — en revanche, elle peut faire tous ses actes d'intelligence et de volonté spirituelles, sans y mêler comme auparavant les connaissances et appétitions sensibles dont elle ne se passe point naturellement dans sa vie terrestre [1]. — Dans sa vie céleste, elle pense et veut d'une manière absolument immatérielle, et conséquemment plus élevée, plus pénétrante, plus angélique : — les vérités et les biens purement intelligibles ne lui manquent ni à connaître ni à vouloir, soit qu'elle les ait acquis ici-bas, soit qu'elle les ait rencontrés dans son nouveau domaine. — Et comme Dieu, non seulement n'a pas de motifs pour lui retirer l'existence, mais en a de nombreux et d'excellents pour la maintenir en son immortalité native, il la voue, par juste et définitive sentence, à une éternité de béatitude ou de malheur, de récompense ou de châtiment. Le triomphe de la morale et de la vertu, dans la vie présente, exige de la providence cette garantie et cette sanction finales dans la vie future : une loi ne s'observe pas, si le législateur ne rend pas à chacun selon ses œuvres.

---

1. Comparer II*e partie, chap.* II, *théor.* XXV et XXVIII.

— L'*éternité* des peines ou des récompenses a seule assez de poids pour faire équilibre aux grandes tentations, aux grands sacrifices qui éprouvent la conscience humaine dans ses jours de souffrance, et surtout peut-être de joie. — Aussi l'âme arrivée au terme de sa carrière ne recommence t-elle pas à la courir, et ne rentre-t-elle pas dans le provisoire. Elle est fixée pour toujours dans le bien ou dans le mal, dans l'ordre ou dans le désordre, dont elle eut le libre choix et dont l'essai temporel est suivi de l'immuable décision du souverain juge. — Et au jour fixé par lui, dans l'universelle résurrection des justes et des coupables, chacun d'eux reprend au moins une parcelle, une cellule ou un atome, si l'on veut, de ce qui fut son corps autrefois. La science infinie de Dieu suffit à en faire la recherche, et son infinie puissance à reconstruire, — sur un type sans doute modifié dans ses conditions accidentelles, — la primitive demeure de l'âme [1].

1. Au sommet de ses pensées, la philosophie confine à la théologie, et lui demande le supplément de lumière et de certitude qu'elle ambitionne naturellement. C'est donc à la *science de la foi* que nous renvoyons ici nos lecteurs, sachant combien elle leur sera secourable et agréable. — A son tour, la science fournit à la théologie, pour l'intelligence du dogme de la résurrection finale, de très utiles données relatives à la matière et à ses divers états d'ordre naturel, qui en font pressentir de supranaturels et vraiment sublimes.

ARTICLE IV.

Les Esprits Angéliques et l'Esprit Divin.

THÉOREME XIV.

Au-dessus de la matière inorganique ou organique, au-dessus du composé humain, la raison entrevoit et la foi reconnaît de purs esprits, substances vivantes et tout à fait immatérielles, immortelles mais créées et finies, naturellement faillibles d'intelligence et de volonté, distribuées à la suite d'une épreuve originelle en deux grandes catégories, celle des bons anges et celle des mauvais ou démons ; infiniment au-dessus encore, dans une transcendance où notre raison le découvre avec certitude, mais où nulle nature ne peut d'elle-même pénétrer et vivre, Dieu existe comme substance nécessaire, éternelle, très une, très simple, immuable, toute-puissante, absolument parfaite et positivement infinie ; sa vie, qui est toute science et toute sainteté, exclut toute imperfection intellectuelle ou morale, tout mouvement successif et contingent ; ses puissances et ses actes sont sa nature même, produisant et gouvernant toutes les choses finies, sans rien épancher en elles de son être incommunicable.

1. — La distance de l'animal à l'homme est fort grande assurément, à cause de la nature spirituelle

qui fait essentiellement partie du composé humain et qui ne se trouve point du tout dans l'être seulement sensitif. Par contre, l'existence d'un corps dans l'homme le rapproche fort du cadre zoologique ; et on conçoit aisément que le genre humain et le genre animal soient immédiatement voisins [1]. — Mais la distance de l'homme à l'*être divin*, dont nous allons tout à l'heure traiter, est infinie, — parce que, s'il y a entre ces deux termes un élément logiquement commun, l'*esprit*, — l'esprit de l'homme est essentiellement fini, et l'esprit de Dieu est essentiellement infini. — Dans cette immense lacune béante, dans cette transcendance absolue qui sépare Dieu de l'homme, l'antique philosophie s'est demandé s'il n'existerait pas un degré d'être intermédiaire, un esprit dégagé de toute vie corporelle et conséquemment très supérieur à l'homme, mais un esprit très inférieur à Dieu parce que tout ce qui n'est pas Dieu est infiniment au-dessous de lui. — La foi chrétienne a pleinement confirmé ces conjectures sublimes de la raison, et affirmé l'existence d'esprits sans aucun corps, d'*anges* primitivement soumis à une grande épreuve morale dont les uns sont sortis justes et saints, tandis que les autres en sortaient coupables et damnés. — La

---

1. Bien entendu à deux degrés très inégaux de la hiérarchie des êtres ; mais entre eux il n'y a pas de degré ou catégorie intermédiaires.

théologie et l'exégèse biblique des Pères puis des Docteurs du moyen-âge, frappées elles aussi de l'immense espace ouvert entre l'homme et Dieu, ont multiplié dans une très ample proportion le nombre des anges, — faisant de chacun d'eux une espèce distincte, à cause de leur totale simplicité qui ne permet entre eux aucune reproduction génératrice[1], — et peuplant ainsi le monde invisible d'une multitude innombrable d'étoiles angéliques, les unes lumineuses, les autres ténébreuses. — La psychologie moderne n'a certes pas renversé les bases de cette doctrine ; elle y mêlerait même trop aisément, dans certains cercles et dans certaines circonstances, des exagérations superstitieuses et crédules, du spiritisme, de l'occultisme, voire même de la magie. — La vraie philosophie catholique, fidèle aux directions et aux principes de l'Eglise, n'admet pour supranaturels que les phénomènes dont l'explication naturelle est définitivement impossible. Dans le cas de doute, elle s'abstient de prononcer, inclinant méthodiquement plutôt vers le naturel que vers le préternaturel. Et parce que ses recherches la mettent parfois en présence de faits et de principes d'une moralité suspecte, en présence de causes obscures qui pourraient bien

---

1. Il est intéressant d'observer que cette vue de la reproduction génératrice comme marque de la communauté d'espèce, a trouvé beaucoup de faveur auprès de certains savants contemporains.

être ennemies de Dieu, du vrai, du bien, elle ne s'en approche qu'avec prudence, discrétion, gravité. — Au demeurant, elle sait que des influences supraterrestres, soit angéliques soit diaboliques, se sont quelquefois manifestées, qu'elles peuvent se manifester encore, et qu'elles se reconnaissent à des marques indubitables telles que la moralité ou l'immoralité, l'orthodoxie ou l'hérésie, l'humilité ou l'orgueil, le désintéressement ou l'égoïsme. Elle sait qu'en général le miracle, le supranaturel, se déterminent et se prouvent par l'évidente incapacité des causes physiques, physiologiques, pathologiques, à produire les effets dont elle a dûment constaté l'existence ; et dans ces conditions, elle peut s'avancer d'un pas sûr en des régions inquiétantes où beaucoup d'esprits, même savants, pourraient se fourvoyer misérablement [1].

2. — Au-dessus des esprits angéliques déjà très élevés, infiniment au-dessus de toute nature finie, soit existante soit possible, la raison humaine découvre, avec pleine lumière et entière certitude, un premier et universel moteur qu'elle appelle Dieu, une vie suprême et infinie dont elle ne peut assurément mesurer l'immensité, mais dont elle sait que procèdent toute vie spirituelle d'homme ou d'ange, toute vie organique de végétal ou d'animal, toute

---

[1]. Sur cette question du supranaturel et du miracle, voir aussi II*e* *partie*, *chap.* II, *art.* 5.

matière inerte et inorganique, enfin toute existence contingente de substance ou d'accident. — La *matière brute* n'est pas nécesaire ni éternelle, nous l'avons clairement vu ; et nous ne pourrions affirmer le contraire sans renoncer à l'évidence et à la certitude mêmes, sans briser avec le bon sens et la raison, sans nous déclarer incapables de vrai savoir, de vraie science. Heureusement nous n'en sommes pas réduits là ; et quand nous disions naguère que le monde matériel est pure *contingence*, nous disions ce qui est absolument exact ; nous disions aussi qu'il est nécessairement et éternellement *possible*, et c'est encore une absolue vérité[1]. De là cette conséquence inéluctable : il a reçu, d'un moteur infiniment au-dessus de lui, l'impulsion sans laquelle jamais il ne serait sorti des limites de la simple possibilité, — car, de la seule puissance d'être à l'existence en acte, il y a un abîme que nulle évolution spontanée ne peut franchir. — Et puisque la tradition gréco-latine appelle *Theos* ou *Deus* ce premier et suprême moteur sans lequel une seule molécule, un seul atome, ne pourrait jamais exister, nous devons conclure que *Dieu existe*. — La *matière organique* n'est pas plus nécessaire que la matière brute ; elle n'est pas éternelle, elle n'est pas le résultat d'une évolution antérieure : nous l'avons

---

1. Voir ci-devant, *chap.* I, *art.* I, et *chap.* II, *art.* I.

naguère constaté et prouvé [1]. Pour expliquer son origine et son existence présente, l'intervention de Dieu, premier moteur, s'impose donc sans rémission aucune. Le bon sens et le sens philosophique ne peuvent être sauvegardés qu'à cette condition. — La *vie intellective* de l'homme, son mouvement spirituel cognoscitif et appétitif, sont irréductibles à la matière vivante et surtout non-vivante : nous l'avons suffisamment démontré [2]. Et comme ils existent certainement, leur production initiale dans l'espèce humaine et dans chaque individu de cette espèce requiert, catégoriquement, impérativement, l'action créatrice et substantiellement motrice de Dieu. Se refuser à cette conséquence serait contredire à la logique et à la méthode les plus sûres, les plus élémentaires.

3. — Considérant, après ces arguments tirés du mouvement *essentiel* et *métaphysique*, ceux que fournit le mouvement *accidentel* et *mécanique* dont le monde est non seulement le théâtre, mais le sujet même, en toutes ses parties accessibles à l'observation scientifique, — j'arrive, si j'évite de déraisonner et de m'égarer en route, à reconnaître de nouveau l'existence et l'action du divin premier moteur. — Ce qui ne vit pas ne se met pas de soi-même en marche ; il ne se donne pas à soi-

---

1. *Chapitre* II, *art.* 2.
2. *Ibidem*, *art.* 3.

même le moyen d'agir ou de réagir à l'égard des autres corps. Les combinaisons chimiques sont possibles et se produisent, parce que les éléments en jeu ont telle et telle nature : mais qui la leur a donnée ? — Les masses matérielles s'attirent l'une l'autre ou se repoussent, parce que l'attraction et l'électricité entrent en cause : mais qui leur a donné tant d'efficacité ? — La droite raison répond : « C'est Dieu, moteur suprême. » Le matérialisme réplique : « C'est la matière, qui nécessairement *est* ou *s'est faite* comme cela. » A qui croire ? — Certainement pas au matérialisme : car rien *ne se fait* sans avoir au-dessus de soi un principe efficient, et *ce qui est sans avoir été fait* est tout simplement Dieu. Nier Dieu premier moteur, au profit de la matière inerte ou vivante, c'est donc substituer un Dieu à un autre, — mais un Dieu absurde, mais un Dieu contradictoire, mais un faux Dieu, au Dieu souverainement logique, au Dieu infiniment intelligible, au vrai Dieu. — Ainsi, le matérialisme n'est pas proprement *athée* : il est *idolâtre*. Il ne supprime pas réellement Dieu : il le défigure. Il lui ravit son nom en conservant son existence, — puisque, encore une fois, il attribue à la matière la nécessité et l'éternité moyennant lesquelles Dieu est Dieu.

4. — Le mouvement *substantiel* ou *accidentel*, dont le monde entier est l'incessant mobile, est admirable d'*unité*, de *variété*, d'*ordre*, d'*harmonie*,

de *finalité*, de *sagesse*, de *beauté* et de *bonté*. Les imperfections et les rudesses qui s'y remarquent ne sont que les inévitables suites des éléments, soit matériels soit immatériels, tous finis et faillibles, dont il est composé. Sa valeur d'ensemble n'en est pas diminuée. — Il est donc gouverné par un moteur unique, — d'après un plan d'une compréhension et d'une cohésion sans limites, — pour une fin suprême, identique au moteur même et par conséquent divine, — moyennant une prévoyance ou providence, indéfectible et infaillible, — avec un admirable soin de garder en tout la justesse et la majesté des motions et de leurs formes, — pour aboutir finalement à des résultats d'une bonté et d'une sainteté morales achevées. — Cet aspect du monde nous ramène inévitablement à l'existence de Dieu, comme explication uniquement suffisante de la valeur esthétique du *cosmos*. — De nos jours, cette valeur est hautement estimée d'une multitude d'âmes dans lesquelles prédominent l'imagination, la sensibilité, le goût du beau, l'amour du bien, la recherche de l'idéal en toutes choses : au fond, ces tendances platoniciennes et augustiniennes ne diffèrent pas essentiellement des préoccupations rationnelles et positives de la science[1]; par un procédé

---

1. L'équivalence de l'être, du vrai, du bien, du beau, de l'ordre, du droit, est un fait qui n'a pas échappé à l'antique sagesse, et qui explique comment des procédés et des méthodes apparemment fort

plutôt affectif et poétique, elles concluent à la même évidente intervention de Dieu dans la production et la coordination du monde, soit extérieur soit intérieur. — Vouloir substituer à ce principe premier, à ce moteur suprême, les propriétés essentielles de la matière et leur évolution fatale, serait encore une fois abandonner le vrai Dieu pour des idoles, — sans pouvoir se défaire absolument de cette cause nécessaire, éternelle, universelle, infinie, dont aucun être intelligent et aucune pensée ne sauraient définitivement se passer.

5. — Des philosophes récents ont dit : « Dieu *se fait* en l'homme et par l'homme. » C'est un non-sens, ou un injustifiable abus du nom de Dieu. Le premier et suprême moteur est antérieur à la première de toutes les molécules matérielles, à la première de toutes les cellules vivantes. Ni le néant, ni les choses qu'il en a tirées, n'ont pu et ne pourront jamais évoluer jusqu'à faire partie de lui, jusqu'à être *lui* ou le *corps* imaginaire dont il serait revêtu. — Mais, si rien ne devient Dieu, — pas même la plus sublime intelligence, — toute intelligence suffisamment développée pour comprendre qu'un mouvement et qu'un mobile requièrent un

---

dissemblables ont en réalité les mêmes objets, les mêmes lois, les mêmes résultats. Seulement il y a des abus à redouter, des écarts à éviter : et c'est la raison qui doit toujours avoir le premier et le dernier mot dans la recherche de la vérité.

moteur, est par là-même nécessairement conduite à reconnaître l'existence de Dieu moteur du monde, et à découvrir dans une certaine mesure ses principales perfections.

6. — Il est *nécessaire*, et ne peut pas ne pas exister : car s'il n'existait pas à un moment donné, ni lui ni les autres êtres ne sortiraient jamais du néant, faute de moteur. Il est nécessaire, car s'il avait reçu de quelque moteur plus grand que lui son existence et sa puissance motrice, il ne serait plus Dieu mais une créature contingente ; et nous devrions remonter plus haut que lui pour trouver enfin le premier moteur et le vrai Dieu. — Ensuite il est *éternel*, parce qu'étant nécessaire il ne peut avoir eu de commencement. Il est éternel, parce qu'il ne peut avoir de fin ni par épuisement ni par anéantissement de son être : tout entier nécessaire, comment s'épuiserait-il par la perte d'une partie de son existence, de sa nature ? N'ayant en soi-même aucune raison de ne plus être, et surpassant par sa nécessité même tout le reste des êtres qui sont seulement contingents, comment aurait-il à redouter en eux une force adverse qui prétendrait le diminuer ou le supprimer ? — Il est *substantiel* et *substance :* s'il était accidentel, il ne serait qu'un phénomène et un être secondaire ; s'il était simplement un mouvement, comme certains le disent, il lui faudrait un moteur et un mobile. Mais il est *tout entier sub-*

stance, sans supporter aucun accident ; car, s'il en supportait quelqu'un, il se trouverait augmenté par lui ; il pourrait l'être par d'autres indéfiniment ; il pourrait conséquemment être dominé par une puissance supérieure, et il serait au moins partiellement contingent. — Sa substance est donc *absolument une et simple :* formé de plusieurs substances incomplètes, comme le composé humain, il serait le total nécessairement fini de plusieurs quantités finies, et il serait l'œuvre de quelque auteur ayant calculé, agencé et harmonisé ses éléments constitutifs ; formé d'une substance infinie et d'une substance finie assemblées en une seule substance, en une seule nature, il serait contradictoire en soi, et impossible. — Substance nécessaire, éternelle, sans rien d'accidentel, tout à fait une et simple, il est conséquemment et entièrement *immuable :* il ne peut, comme nous, subir de changements accidentels puisque il n'est en aucune manière le *substratum* d'accidents ajoutés à son essence ; ni de changements substantiels, puisque sa nécessité exclut toute diminution ou suppression, et que son unité exclut toute composition de parties variables ou diversement arrangeables ; si, d'ailleurs, il était composé de deux ou de plusieurs éléments, soit essentiels soit accidentels, il rentrerait dans la catégorie du monde fini, et au lieu d'en être le premier moteur, il n'y serait plus qu'un mobile contingent et créé ; au lieu d'être Dieu, il ne serait plus qu'une idole. La doctrine panthéiste, en l'identifiant avec tout, ou bien en identifiant tout avec lui, nie son essentielle immutabilité, nie par conséquent ses autres perfections dont celle-ci est la synthèse, et retombe finalement dans l'athéisme ou dans le matérialisme. — Moteur capable de tirer les existences contingentes du néant ou de la simple possibilité, Dieu est, par le fait même, capable de les anéantir toutes ou quelques-unes d'entre elles : car l'absolue prééminence de sa fonction motrice les domine tout entières, et fait d'elles, en elles, avec elles, tout ce qui n'est point contradictoire et point mauvais. Dans les limites du vrai et du bien, limites nécessairement fixées par sa sagesse et nécessairement maintenues par sa volonté, il est donc *tout-puissant*. — Que lui manque-t-il pour être *entièrement parfait ?* Evidemment rien ; et si notre raison découvre quelque part une perfection n'impliquant aucune imperfection, elle doit aussitôt la déclarer divine et la lui attribuer [1]. — De là nous devons

---

[1]. Evidemment une perfection sans imperfection ne se découvre nulle part dans le *cosmos*, et notre raison ne peut jamais être autorisée à mettre en Dieu quoi que ce soit de créé, de fini, de contingent. Mais elle peut fort bien, dans l'ordre des vérités intelligibles, reconnaître quelque perfection possible et pouvant convenir à l'être absolument parfait, au premier et suprême moteur immobile. Alors elle ne doit pas hésiter à lui attribuer cette *perfection sans imperfection*.

ultérieurement conclure que Dieu est *positivement et réellement infini*, — non pas infini logiquément et par abstraction, comme l'infini mathématique qui est plutôt un *indéfini* auquel nous décernons la capacité de croître ou de décroître sans arrêt, sans épuisement, sans fin. Le premier moteur n'est donc pas comme l'unité numérique, à laquelle s'additionne *du dehors* une série d'actes et de perfections : il est infini *dans son unité même*, qui est toute sa substance totalement simple et totalement immuable.

7. — Quoique nous proclamions son absolue simplicité, nous sommes pourtant obligés, afin de le mieux connaître, de distinguer les *concepts* multiples par lesquels nous le représentons en notre esprit étroit et limité. Nous parlons donc de *ses puissances* et de *ses actes*, comme s'il en avait plusieurs ; — nous parlons de son *intelligence* omnisciente, de sa *volonté* infiniment sainte, comme s'il manifestait sa vie par deux catégories de mouvements, les uns de *savoir* et les autres de *vouloir ;* — nous parlons de ce qu'il *a fait*, de ce qu'il *fait*, de ce qu'il *fera*, comme si sa durée et son opération étaient successives, tandis que leurs effets seuls le sont. — Sa vie est sans révolutions ni évolutions. Elle est un *mouvement* vital infini, — mais un mouvement n'admettant en soi aucune imperfection initiale, aucun développement, aucun passage, aucun changement. Ce suprême moteur, qui

meut toutes choses, n'est mû par aucune d'elles, ni par lui-même. Il *est*, et son *être* est science, volonté, commandement, action, — d'où procède tout ce qu'il a librement décidé d'appeler à l'existence. Les êtres *contingents* ne sont nullement la continuation, la prolongation de son être et de sa vie : entre eux et lui, il n'y a pas de *contact* comme il s'en trouve entre le moteur et le mobile matériels. Le souverain moteur n'est pas un point de départ, une « tête de ligne », une source épanchant ses flots : c'est un *premier* qui n'a point de *second* ni de *suivant*.

DEUXIÈME PARTIE.

L'ACTION.

CHAPITRE I.
THÉORIE GÉNÉRALE.

ARTICLE I.
Ce que c'est que l'Action.

THÉORÈME XV.

L'action, *au moins aussi répandue que l'*être *dans le monde, et absolument nécessaire à sa constitution primitive et à son développement, peut se définir* une production d'être, soit substantiel soit accidentel; *par cette définition même, qui est incontestable, nous corrigeons les inexactitudes d'une théorie moderne d'après laquelle d'abord* rien ne se crée et rien ne se perd, *d'après laquelle ensuite il peut y avoir* production d'être sans action et par pure évolution; *par l'action, d'innombrables réalités initiales et incomplètes comme le mouvement, ou complètes et formelles comme toutes les choses actualisées, viennent sans cesse accroître la quantité totale d'être fini que le monde renferme, et compenser les pertes ou diminutions pareillement incessantes qu'il subit; un seul être, l'être infini,*

Dieu, ne reçoit de là aucun accroissement ni aucune atteinte à son immensité toujours nécessaire et toujours immuable.

1. — Le monde, tel qu'il apparaît à nos sens et à notre intelligence, est rempli d'*actions* et de *réactions*, conséquemment aussi d'*activités simples*, ou *résistantes* et *réciproques*. Nous en trouvons une multitude dans le domaine de la matière inerte, dans celui de la matière organique et vivante, comme dans la sphère de la vie inorganique et immatérielle. — Ne pas étudier un fait si considérable, c'est priver les sciences et la philosophie d'un fort contingent de notions utiles à l'esprit humain. Cependant peu d'auteurs ont essayé d'approfondir la théorie et les lois générales de l'*action;* et au lieu de la considérer dans sa plus large extension, ceux-là mêmes l'ont réduite, ordinairement, à la seule action mécanique ou à la seule action morale.

2. — Au sens le plus élevé et le plus étendu, l'*action*, l'*opération* si l'on veut, — car ici ces deux mots sont synonymes, — est *une production d'être soit substantiel soit accidentel*. Dès que quelque objet se produit à quelque degré ; dès, par exemple, que d'impossible il devient possible [1] ; ou dès que, de

---

[1]. Ceci suppose la disparition d'un obstacle antérieur, ou l'apparition d'une cause nouvelle, et, dans les deux cas, une modification dans l'équation des êtres.

simple possible, il devient actuel, existant ; ou encore, dès que d'un mode d'existence déterminé il passe à un état réellement autre, on peut être assuré qu'une *action*, une *opération*, est intervenue en lui et de sa part, ou hors de lui et de la part d'un principe étranger chargé de lui conférer ce qu'il n'avait pas de lui-même. — Je suppose évidemment par là que cet axiome souvent répété de nos jours, — *rien ne se crée, rien ne se perd*, — est inexact ; et je le suppose à bon droit : car, si cela peut se dire des atomes de la substance matérielle actuellement existante, cela ne peut se dire de leurs innombrables compositions ou décompositions chimiques, ni de leurs innombrables modifications physiques d'état et de fonction, ni enfin de leurs innombrables changements de situation et de position qui sont des réalités aussi, quoique moins profondes et moins importantes. — Les vivants qui naissent et meurent, qui commencent et accomplissent leur tâche de chaque instant, et qui, dans le composé humain, acquièrent ou perdent tour à tour des perfections d'intelligence et de volonté, — très réelles aussi, quoique immatérielles, — prouvent bien l'exagération de cette affirmation : *rien ne se crée, rien ne se perd*. L'admît-on comme vraie pour le monde matériel d'aujourd'hui, on devrait encore la nier pour ses origines, où certainement tout fut créé. Je suis donc pleinement autorisé à parler de *production d'être*, quand je définis l'*action*.

3. — Sans doute, et du même coup, je nie qu'il y ait production d'être *sans action ni opération*, — soit du sujet même de l'être produit [1], soit d'un sujet extérieur agissant sur lui et pour lui. — Je nie qu'une *évolution purement passive* puisse faire sortir du néant quelque chose, — et d'un être existant déjà, quelque perfection dont il ne renfermerait pas le germe au moins à l'état latent. — J'ai dit précédemment [2] pourquoi cela est impossible et ne s'est jamais vu : *on ne donne pas ce qu'on n'a pas*, dit un juste proverbe. — Un autre proverbe affirme qu'*il n'y a pas d'effet sans cause*, c'est-à-dire, d'être produit sans que rien agisse relativement à sa production, — car alors on se trouverait en face de l'impossible et absurde évolution du néant, du non-existant, arrivant de lui-même à l'être, à l'existence. — Ce n'est certes point le cas très possible, très rationnel, du sujet qui se complète, qui se perfec-

---

1. Quand un sujet agit *sur lui-même*, il est nécessairement *dédoublé* à quelque degré, car il est partiellement passif. Aussi l'être infiniment simple, Dieu, ne saurait-il agir sur soi ni se mouvoir réellement. On voit donc que, même dans le cas d'action réfléchie, le sujet agissant est d'une certaine manière extérieur au sujet subissant son action.

2. Aux *théorèmes* VII, XI, etc. — L'action divine *n'est pas* un mouvement proprement dit, mais elle *en produit* un dans le sujet sur lequel elle s'exerce.

tionne soi-même, au moyen des réalités actives et passives qu'il a reçues de son créateur et moteur suprême. Ceci, nous le faisons incessamment par l'étude des sciences, par l'exercice des vertus, par le soin de notre santé corporelle. Il y a là de vraies actions, de vraies productions d'être immatériel ou matériel ; mais il n'y a pas du tout d'évolution au sens positiviste ou panthéiste du mot, — puisque ce n'est pas le néant, le moins, qui de soi-même se fait ou se développe. C'est le réel, l'être en acte, qui possède à l'état latent, — dans ses puissances ou facultés actuelles, et dans les ressources extérieures également réelles dont il est environné ou doté, — l'être possible qu'il peut acquérir en l'amenant à l'état formel et complet. De rien, l'être créé ne saurait jamais rien tirer ; et même quand nous disons que, là où rien n'existait, l'être créateur, souverain et premier moteur, a fait que quelque chose existât, nous ne disons pas qu'il a fait évoluer ce rien vers ce quelque chose, ni tiré l'être du non-être, comme on tire l'eau de sa source ou comme on dégage l'hydrogène et l'oxygène de l'eau.

4. — Affirmer que l'action est toujours *productive d'être*, ce n'est pas nier que souvent aussi elle soit *diminutive* ou *destructive* d'être. Car, réduire les choses à un état *moindre* ou même au *néant*, comme Dieu le peut certainement faire, suppose ordinairement un mouvement actif de quelque cause exté-

rieure, et toujours un mouvement passif dans le sujet diminué ou supprimé ; or ce double mouvement est une *façon d'être*, un *demi-être*, dont nous avons précédemment indiqué la théorie[1]. — Souvent même ce n'est pas un *simple mouvement* qui se produit pour opérer cette diminution, cette destruction : c'est une réalité plus complète, par exemple une combinaison chimique, une série d'efforts mécaniques ou intellectuels et moraux, — voire même des instruments ingénieusement appropriés à la suppression, soit partielle soit totale, d'un fait purement matériel ou de quelque phénomène d'ordre vital.

5. — Ainsi, dans l'ensemble des réalités constitutives du monde corporel et du monde spirituel, la *quantité d'être actualisé*, tant substantiel qu'accidentel, est variable et dépend, en sens direct, de la *quantité d'action* produite par Dieu et par ses créatures. — La production divine et presque incessante de nouvelles âmes humaines ; la production incessante, par des germes ou des semences, de nouveaux corps organisés, et en eux, de nouveaux principes de vie animale ou végétale ; la production incessante, elle aussi, de nouveaux composés chimiques résultant de combinaisons moléculaires ou atomiques ; la production incessante enfin de nouvelles perfections intellectuelles et morales dans les

---

1. Voir *théorème* V.

esprits angéliques ou humains, et de nouveaux états physico-chimiques dans la matière vivante ou dans la matière brute, augmente l'équation des existences substantielles et accessoires ; elle compense les pertes que la mort des êtres vivants et la décomposition des êtres inorganiques causent sans répit dans l'univers[1] ; elle fait enfin passer, — des limites du possible dans celles de l'actualité, des conditions de l'état latent à celles de l'état formel, des imperfections de la simple potentialité aux perfections de la complète réalité, — une multitude incalculable de choses initiales et à peine ébauchées. — Sur quoi l'on peut juger, une fois de plus, des exagérations contenues dans l'assertion fameuse que « rien ne se crée et ne se perd », — et conséquemment des restrictions, ou au moins des explications, qu'on y doit apporter pour la rendre philosophiquement acceptable.

6. — Il y a cependant un *être* parfait, déterminé, infini dans son actualité et dans son existence nécessaires, auquel rien ne s'ajoute et rien ne s'enlève par cette efficacité prodigieuse de l'*action*. C'est l'être divin, c'est le premier moteur, c'est Dieu. Il est immense, — non par pure abstraction logique, comme la notion indéterminée et tout à fait

---

1. On a beau dire que la plupart de ces pertes ne portent que sur des choses accidentelles ; celles-ci sont tout de même réelles, actuelles, formelles.

abstraite de l'*être universel* ou *général*, — mais par absolue possession de cette substance sans lacunes, sans limites, qui est la *divinité*. L'infini et le fini n'étant pas deux termes de même catégorie, et ne pouvant par suite ni s'additionner l'un à l'autre ni se retrancher l'un de l'autre, le terme divin, Dieu, n'était pas moins grand avant la création de l'autre terme, le monde, et il n'est pas plus grand après sa création et son développement. C'est de lui qu'on peut et doit dire, sans réserve et sans restriction, qu'en lui « rien ne se crée et ne se perd ». — En douter, serait adhérer à ce panthéisme, à ce monisme, à ce matérialisme, dont nous avons déjà constaté l'identité avec l'athéisme ou avec l'idolâtrie [1].

1. Comparer, *p.* 114 et suivantes.

ARTICLE II.

Les Éléments de l'Action.

THÉORÈME XVI.

*Un quadruple élément contribue à l'action : tout d'abord l'*agent *lui-même, en tant que* cause efficiente *munie d'une cause* finale, *d'une cause* exemplaire, *parfois aussi de causes* instrumentales ; *ensuite le* sujet *dans lequel ou sur lequel l'agent opère ; puis l'*effet *qu'il introduit dans le cycle substantiel ou accidentel des puissances de ce même sujet ; et enfin, moyennant le concours divin fournissant les réserves d'être nécessaires à toute cette production, l'*essence *même ou la* cause *essentielle et* formelle *de la chose produite.*

1. — Il est utile d'examiner de quels éléments résulte le fait que nous appelons *agir, opérer.* — Intrinsèquement et en premier lieu, il provient d'une *force* réelle, actuelle, productrice, qui est l'*agent.* Celui-ci est vivant ou non, spirituel ou matériel, créateur ou créé, moteur suprême ou subordonné : dans tous les cas, il est *moteur* et *producteur ;* s'il ne l'était point, il n'agirait pas effectivement, mais tout au plus en puissance. Précisément parce qu'il meut et qu'il produit, on le nomme

souvent *cause, principe*, — ou mieux, *cause efficiente, principe efficient*. — D'autres causes et d'autres principes, extrinsèques ceux-là, lui sont adjoints pour qu'il puisse être agissant, produisant, efficient. — C'est d'abord la *cause finale*, ou le but qu'il poursuit ; c'est ensuite la *cause exemplaire*, ou le *plan* d'après lequel il opère ; c'est encore la *cause matérielle*, dont il tire souvent les *conditions* ou *matériaux* nécessaires à son œuvre ; c'est enfin, très souvent aussi, sa *cause instrumentale*, ses *moyens* d'appliquer sa force à son travail, et d'obtenir plus facilement le résultat voulu. Fourni de ces diverses causes, dans la mesure où il peut et doit les employer, l'*agent* fini devient *efficient*, c'est-à-dire *producteur, auteur, facteur, effecteur*, si je puis ainsi parler. — Les causes dont l'agent fini a besoin pour être pleinement agent, ne conviennent pas toutes à Dieu, qui agit fréquemment sans matière ni instrument, et qui trouve toujours en soi-même sa raison suffisante d'agir, et son exemplaire infiniment parfait. — Quant à l'agent purement matériel, inorganique ou organique, il ne connaît pas du tout son but ni son plan ; ou s'il les connaît, ce n'est que sensitivement et instinctivement. Il y a quelqu'un au-dessus de lui, qui les connaît intellectivement et les lui impose : c'est la raison divine toujours, et dans l'univers entier ; c'est quelquefois aussi la raison humaine, dans les œuvres artificielles et mécaniques dont elle conçoit l'idée et dont elle réalise la construction.

2. — L'action résulte, en second lieu, du *sujet* dans lequel l'agent opère plus ou moins intimement, lui conférant quelquefois des perfections ou des mouvements simplement accidentels, et d'autres fois la substance même ou les perfections essentielles qui doivent le constituer. — Évidemment, l'action se spécifie et se différencie d'après le sujet ainsi élaboré ou travaillé. Amener un monde seulement possible à l'existence, est tout autre chose qu'agencer et gouverner un monde déjà créé. Combiner des atomes et des molécules pour en obtenir un composé chimique, est bien différent de créer une âme ou d'en régir les facultés morales.

3. — L'action dérive, en troisième lieu, de l'*effet* vu par l'intelligence de l'agent, choisi par sa volonté, exécuté par sa puissance ou par les forces qu'il emploie à son dessein. — Ce n'est pas que nous confondions, en parlant ainsi, le principe producteur avec la chose produite, ni surtout que nous mettions celle-ci avant celui-là. Mais c'est que l'*effet*, l'*objet formel* de l'action, comme disaient les anciens philosophes, doit être *connu* et *voulu* par l'agent, que nous supposons intelligent ou raisonnable, avant que d'être *réalisé* par lui. — De cette manière, l'effet influe certainement sur l'opération ; et, de cette manière aussi, les mêmes philosophes

disaient à bon droit que le dernier terme, dans l'ordre d'exécution, est le premier dans l'ordre de la conception, ou de la délibération [1]. — Les classifications scientifiques, — quand il s'agit d'actes humains, de finalité, de moralité, — ou quand il s'agit d'habitudes psychologiques, de vertus, de vices, à discerner les uns des autres, — reposent précisément sur cette théorie de l'*effet* ou de l'*objet formel*. On juge du bien et du mal d'après l'intention qui va au but, et d'après le but réalisé par l'exécution. Cette méthode ne serait peut-être pas inutile aux sciences physico-chimiques elles-mêmes, pour distinguer un peu plus nettement les différentes forces qui meuvent le *cosmos*, et dont la notion est demeurée assez confuse jusqu'à présent.

4. — L'effet n'est constitué, l'opération n'est vraiment complète, que si réellement il y a eu *production d'être*, suivant la définition que nous avons donnée de l'action. Cette production ne peut se concevoir à la façon d'un écoulement diminuant progressivement l'être qui primitivement était dans l'agent, et l'employant au profit de l'effet qui n'en avait pas. Un « transvasement » de ce genre n'est pas une action proprement dite : ce n'est pas

---

[1]. Soit, par exemple, le but A dont je veux la réalisation par le moyen B, qui dépend lui-même du moyen C. Évidemment je devrai d'abord *vouloir* A, puis B, et finalement C ; mais je devrai *réaliser* d'abord C, puis B, et A en dernier lieu.

précisément en s'écoulant qu'un être est actif, opératif. Les panthéistes, les monistes, ayant l'effroi de toute création et de toute véritable opération, s'efforcent vainement de propager ce rêve, cette imaginaire évolution. Ils n'y réussiront pas. Le bon sens reconnaîtra, en fin de compte, qu'*agir* importe essentiellement *produire* ; et que *produire* est *innover*, soit quant à la substance, soit quant à l'accident et notamment quant au mouvement. Qui ne fait rien de *nouveau*, et ne change pas même l'état extérieur, la situation locale, du sujet sur lequel il prétend agir, n'agit réellement pas du tout. — Même Dieu, le premier moteur immobile et immuable, n'agit positivement dans le monde et sur le monde qu'en y introduisant un *surplus d'être*. — C'est lui qui fournit à ses créatures, par un concours incessant et d'une admirable fécondité, l'*être essentiel* dont elles ont besoin pour certains actes supérieurs qu'elles ne parviendraient pas à accomplir par elles-mêmes. Ainsi, et pour rappeler des exemples bien connus, il a donné la vie à la matière dont les forces n'auraient jamais pu monter jusque-là ; ainsi encore il donne à chaque nouvel être humain, par une toute-puissante collaboration aux parents, l'âme spirituelle qui différencie essentiellement l'homme d'avec le simple animal ; ainsi enfin, nous le dirons plus loin [1], il prête à nos efforts naturels les secours

---

1. Au *théorème* XXIX.

préternaturels ou les grâces surnaturelles qui nous élèvent à un ordre d'opérations quasi-angéliques ou quasi divines. — Quant à la multitude des effets de catégorie inférieure, et seulement accidentelle, que les créatures sont appelées à produire, elles n'ont qu'à prolonger et à communiquer, par une sorte de contact extérieur, le mouvement inorganique ou organique, matériel ou spirituel, qu'elles ont reçu du premier moteur ou des moteurs secondaires opérant sous sa motion suprême [1] ; et alors Dieu n'a pas à leur fournir ce supplément d'*être* dont nous parlions, — mais tout simplement la capacité de durer et d'agir suivant les lois de leur nature. C'est ainsi, dans l'ordre purement naturel, que les corps agissent les uns sur les autres, que la vie organique se multiplie et se reproduit, que l'éducation intellectuelle et morale se fait d'un esprit à l'autre, que l'échange des pensées et des volontés engendre le mouvement social [2].

5. — L'*être nouveau*, le *surplus d'être essentiel* ou *accidentel*, considéré comme terme de l'action du

---

1. Nous éclaircirons ce point un peu difficile aux *théorèmes* XVII et XXIX.

2. Le *concours* divin est donc nécessaire pour toutes les opérations des agents finis : mais il est plus ou moins intime, important, effectif ; tantôt il donne plus et tantôt il donne moins au résultat final, suivant la plus ou moins grande réalité à produire, soit au point de vue de son être soit au point de vue de sa sublimité. Voir plus loin le *théorème* XXIX.

créateur ou des créatures, était autrefois appelé *cause formelle*, ou *essentielle*, ou *immanente*, de l'effet produit par la puissance opérative. Si rapide et passager qu'il soit dans une multitude de cas, cet effet possède toujours une existence, une perfection, une essence, une forme, sans lesquelles il ne serait pas. Il trouve en elles une *cause* dont il dépend. S'il est *fait*, s'il est un *effet*, c'est intérieurement par cette dernière cause, en même temps qu'il l'est extérieurement par les causes précédemment décrites. Il n'est pas identique à celles-ci, mais il l'est à celle-là ; et puisque l'action est spécifiée par l'effet, comme nous l'avons dit [1], elle l'est nécessairement aussi par l'existence, par l'essence, par la forme, constitutives de l'*effet*.

1. En ce présent *théorème*, n° 3.

ARTICLE III.

Les diverses Sortes d'Actions.

THÉORÈME XVII.

Les actions se classifient d'après les êtres dont elles procèdent, et dont elles reproduisent les traits ou notes les plus essentiels ; d'après le degré plus ou moins élevé de contact et de communication, ou de transcendance et d'incommunicabilité, entre l'agent ou l'opération d'une part, et l'effet ou le résultat d'autre part ; d'après l'importance de l'être produit par l'action ; d'après le terme où elle s'arrête et la direction suivie pour y tendre ; enfin, d'après le caractère soit ontologique, soit représentatif, soit unitif, du résultat ainsi obtenu.

1. — « L'opération suit l'être », disait-on autrefois, — non seulement pour signifier, conformément à la vérité, que l'être, soit incréé soit créé, *tend* librement ou nécessairement vers l'action, vers la production d'un être ultérieur, — mais pour signifier principalement que l'action représente, dans sa nature et dans son mode, l'*agent* d'où elle émane. — Ainsi, l'action *divine*, considérée en elle-même, est identique à Dieu : ses effets en diffèrent, mais pas elle ; elle est donc absolument simple, infinie, éter-

nelle, immuable, comme déjà nous avons eu occasion de le dire¹. — L'action *angélique* est purement spirituelle, comme l'ange qui l'opère, — tandis que l'action *proprement et spécifiquement humaine* porte en soi la marque de ce dualisme, de ce composé corporel et spirituel, qui constitue notre nature : — nos pensées, nos volontés, qui sont précisément nos actes spécifiques, sont en effet mélangées d'être spirituel et d'être sensible, et nous *sentons* toujours en même temps que nous *raisonnons* et que nous *voulons*². — L'action *organique*, végétative ou sensitive, est matériellement vitale, comme la plante ou l'animal dont elle procède ; elle est quantitative et mesurable comme eux. — L'action *inorganique* l'est pareillement ; mais elle est exclusivement mécanique, sans aucune trace de spontanéité ni même d'instinct.

2. — Conformément encore à ce principe de conformité entre l'opération et l'être, entre l'action et l'agent, l'opération *divine* est *incommunicable* comme Dieu aux êtres qu'elle produit ; elle n'est pas un mouvement commençant de vibrer en lui et continuant de vibrer en eux ; entre elle et eux il y a un abîme infini, infranchissable ; ils ne résultent pas d'elle *par contact*, mais seulement *par volonté*

---

1. Voir *pages* 15, 23, 35, 117-120, etc.
2. Consulter ci-après le *théorème* XXV, et le n° 1 du *théorème* XXVIII.

du divin agent et par inéluctable *obéissance* des effets auxquels il commande catégoriquement ; ce qu'il entend faire absolument se fait ainsi qu'il l'ordonne, et non autrement. — Mais l'action *spirituelle* de *l'ange* et de *l'homme* peut très bien s'accomplir par communication et par prolongation de l'activité intelligente qui est en eux : ils éclairent en donnant de leur science ; ils sanctifient en donnant de leur moralité ; ce sont des instructeurs et des éducateurs, ce sont des maîtres et des guides ; ils ne sont pas incommunicables parce qu'ils ne sont pas infinis comme Dieu ; quelque chose d'eux passe formellement dans les esprits qui leur sont subordonnés et confiés [1]. — Quand l'ange et l'âme exercent une action *matérielle* sur les corps, c'est encore par une continuation du mouvement immatériel qui est en eux, et qui peut se transformer en un mouvement matériel dans les corps, suivant la manière que nous avons naguère indiquée, en traitant des fonctions végétatives et sensitives de l'âme intellective dans le composé humain [2]. Et la raison en est que *l'esprit*

---

[1]. Il n'y a rien, dans la pensée et dans la volition angéliques, qui rappelle l'élément sensitif des pensées et des volitions humaines ; mais cette différence est *accidentelle*, et n'empêche pas que l'ange et l'homme aient des opérations *essentiellement* identiques. On n'en saurait certainement dire autant de Dieu et d'eux : entre une de leurs pensées et la pensée divine, il y a une différence *infinie*.

[2]. Pages 100-102.

de l'ange ou de l'homme, bien qu'essentiellement et spécifiquement supérieur à la nature corporelle, est pourtant comme elle de catégorie créée, nullement de catégorie incréée et créatrice : il a donc, avec les corps eux-mêmes, une certaine proximité et une sorte d'affinité que Dieu n'a pas du tout à leur égard ; et quelque chose de l'ange ou de l'homme peut passer, *analogiquement* et sous forme de *mouvement*, jusque dans la matière inorganique ou organique ¹, comme le prouvent notamment les faits préternaturels dont il sera question plus tard ². — Quant à l'action *purement matérielle* des corps vivants ou non sur d'autres corps, elle se fait par *contact proprement dit*, et par véritable *transmission* de vibrations et d'ondes motrices, — conformément à la nature des moteurs et mobiles corporels, qui peuvent avoir et ont souvent entre eux des attractions ou des répulsions, en vue de mélanges ou de combinaisons accidentelles et même substan-

---

1. Nous ne disons pas du tout que ce soit essentiellement et formellement quelque chose de *spirituel* qui passe ainsi dans les corps ; mais le mouvement qui leur est communiqué a de l'analogie, tout matériel qu'il est, avec celui des esprits créés qui le leur impriment. — Comme Il n'y a *aucun* mouvement en Dieu, on ne peut prétendre qu'un mouvement *analogiquement* divin dérive de lui dans les créatures.

2. Observons dès maintenant qu'en fait de mal et de désordre, soit physiques soit supraphysiques, les mauvais anges opèrent d'une façon pareille à celle des bons anges, fidèles au service du bien et de Dieu.

tielles. — A mesure donc que les êtres sont plus élevés au-dessus de leurs effets, leur action se fusionne moins avec ceux-ci ; au contraire, à mesure que les agents se rapprochent de leurs produits, leur action elle-même s'identifie davantage avec les résultats.

3. — Ces produits, ces résultats, sont plus ou moins considérables et importants dans la catégorie de l'être fini. — Parfois l'*action* aboutit à faire *exister* une substance dont nul élément ne *préexistait :* c'est le cas de la *création* du monde à l'origine des choses, et de la création quotidienne des âmes humaines ; et c'est le fait de *Dieu seul,* car une telle opération requiert une puissance infinie [1]. — Parfois l'action se termine à faire exister un être vivant et matériel, en le tirant de la *puissance* de vivants antérieurs, par exemple, de parents, de germes, de semences : c'est le cas de la *génération humaine* quant au corps, et de la *génération des végétaux ou des animaux ;* et c'est le fait de tout être complètement et normalement organisé, se reproduisant

1. Jamais on n'a vu un être fini en *créer* véritablement un autre; et la raison en est que la *difficulté* de faire passer un effet de l'état de potentialité à l'état d'existence est proportionnelle à la distance de l'un à l'autre; or, la distance, non pas géométrique mais ontologique, entre ce qui n'a aucun élément préexistant et ce qui est néanmoins amené à l'existence, est manifestement aussi grande que possible; elle est donc pratiquement sinon théoriquement *infinie*, et il faut un pouvoir infini pour la faire franchir ; conséquemment, la création est un acte exclusivement divin.

seul ou par couple spécifique. — Parfois l'action aboutit à faire exister un être inorganique et inerte, en l'éduisant pour ainsi dire des corps plus simples dont il peut être composé : c'est le cas des *combinaisons chimiques ;* et c'est le fait des innombrables molécules formées suivant les lois de l'attraction élémentaire dans le domaine de la matière non-vivante. — Parfois aussi l'action se termine à faire exister, dans une substance ou nature de catégorie inférieure, par exemple dans l'homme, des *perfections accidentelles* empruntées à une catégorie supérieure, par exemple à celle de l'ange, ou même, d'une certaine façon, à celle de Dieu : c'est le cas des opérations *supranaturelles,* — soit simplement *préternaturelles* et ne dépassant pas toujours le pouvoir des esprits créés, — soit formellement *surnaturelles* et ne pouvant être accomplies que par Dieu ; et c'est le double fait, ou bien des interventions réellement diaboliques et des actions vraiment angéliques, ou bien des motions et des sanctifications réservées à Dieu seul[1]. — Parfois enfin l'action se termine à faire exister, dans une substance de condition *naturelle,* des perfections *accidentelles* de même condition : c'est le cas de tous les mouvements qui, d'une manière ou d'une autre, se produisent dans le *cosmos,* au-dessous du préter-

1. Voir ci-dessous, *chap.* II, *art.* 5.

naturel et du surnaturel ; et c'est le fait de tous les agents ou effets dérivés de la création divine, suivant les lois spirituelles ou matérielles inhérentes à l'ordre de la simple nature [1].

4. Considérée dans le *sujet* qui la reçoit, l'action se dit *immanente* lorsque ce *sujet* est pleinement identique à l'*agent*. Car, dans la catégorie des êtres vivants, surtout des êtres spirituels, nous voyons très souvent une force, une puissance, une faculté, se modifier et se mouvoir soi-même ; — telles, notre intelligence s'assimilant et s'adaptant à la vérité, notre volonté se décidant et se déterminant à poursuivre un but intérieur ou extérieur de moralisation. — Si le sujet qui reçoit l'action n'est pas identique à l'agent, cette action peut se dire *extérieure* ou *transitive*, parce qu'elle passe d'un terme à un autre réellement distinct du premier ; telles, l'éducation ou l'instruction d'une âme par une autre ; tels encore, le choc imprimé ou l'arrêt imposé à un corps par un autre. — Dans le cas où l'action extérieure, transitive, rencontre de la résistance ou de l'opposition chez le sujet récepteur, cette opposition ou résistance prend le nom de *réaction*, c'est-à-dire, d'action contraire subséquente ou même simultanée à l'action *directe*, qui est logi-

---

[1]. Toute cette doctrine, amplement traitée par les théologiens, mais nécessaire dans une certaine mesure à la philosophie elle-même, sera encore exposée sommairement au *théorème* XXIX.

quement ou réellement antécédente. D'une certaine façon, la résistance, la réaction, peut exister dans le monde spirituel aussi bien que dans le monde corporel ; et nul doute, par exemple, que la connaissance intellectuelle, en agissant sur la volonté, ne provoque souvent en elle des mouvements de répulsion envers un objet désagréable proposé par la raison.

5. — Généralement, les actions et les réactions positives, productives, qui sillonnent en tout sens et continuellement la sphère immense de l'être, peuvent se ramener à trois catégories, dont nous rencontrerons plus loin quelques spécimens particulièrement intéressants ou importants : d'abord la catégorie des actions *réelles*, ontologiques, tendant à la production d'*êtres* soit matériels soit immatériels, soit substantiels soit accidentels ; puis la catégorie des actions *représentatives*, cognoscitives, logiques si l'on veut, tendant à la reproduction des faits, des exemplaires, des prototypes, par des images spirituelles ou corporelles ; enfin la catégorie des actions *unitives*, agglutinatives et fédératives, si je puis ainsi parler, tendant à la production de groupements, d'associations, soit dans l'ordre humain soit dans l'ordre supranaturel, angélique ou divin. — Evidemment, d'après ce qui a été dit antérieurement [1], il y a aussi des actions

1. Voir *pages* 129-130.

destructives de l'être, de la ressemblance, de l'union ; mais elles se ramènent facilement par voie d'opposition, de réaction, à cette triple classe d'actions positives, productrices, dont la distinction peut rendre quelques services dans l'étude de la métaphysique, de la morale, de l'esthétique, de la théologie.

ARTICLE IV.

Les Lois de l'Action.

THÉORÈME XVIII.

Agir, c'est accroître et enrichir son être, surtout si l'action est élevée et intense dans la mesure où elle le doit ; cette élévation et cette intensité sont d'ailleurs proportionnelles, en droit, au degré d'être où l'agent est placé par sa nature même ; l'indépendance dans l'être est la cause radicale de la liberté dans l'action ; le vrai sens providentiel du plaisir, ou même de la douleur, est un encouragement à l'ordre ou une protection contre le désordre, dans l'opération.

1. — La nature divine, étant absolument infinie, produit ses effets hors de soi, et n'ajoute d'aucune façon à son être immense, à sa perfection sans limites. — Mais la nature finie, quelle qu'elle soit, corps ou esprit, collectivité ou individualité, agissant en soi-même ou hors de soi, n'opère jamais sans se compléter, au moins extérieurement et accidentellement, par un nouveau degré d'être, par une nouvelle perfection ou par un nouvel état. — Que si, possédant la vie matérielle ou immatérielle, elle agit en soi et pour soi, manifestement

elle s'accroît et s'augmente, sinon relativement à son mouvement initial d'où elle a pu déchoir par fatigue et comme par usure de ses facultés, du moins relativement à son mouvement immédiatement antérieur auquel elle ajoute encore un instant de durée, un effort, un point d'existence et d'activité. — Que si, matière inorganique et brute, elle agit physiquement ou chimiquement sur les corps qui l'entourent, elle provoque de leur part une réaction physico-chimique dont elle subit le contrecoup sous forme de changement, ou d'état, ou même de nature. Elle ne montera pas toujours dans l'échelle des êtres, si nous en jugeons par nos appréciations vulgaires ou scientifiques ; mais elle ajoutera toujours un anneau à la chaîne de ses transformations, de ses modifications, de ses situations ou conditions dans le système cosmique. — On peut donc affirmer, comme *première loi* de l'action, qu'*agir c'est compléter son être ;* et que *plus on agit d'une manière élevée et intense, plus on s'accroît et s'enrichit.*

2. — Une *seconde loi*, presque identique sous certain rapport avec la précédente, est que *l'action est proportionnelle à l'être.* Elle est son œuvre, son fruit, — et son complément s'il est fini et limité : elle est donc matérielle ou immatérielle, substantielle ou accidentelle, vitale ou purement mécanique, absolument parfaite ou imparfaite, selon

qu'il est corps ou esprit, substance ou accident, vivant ou non, Dieu ou créature [1]. — Cela aurait dû suffire, tant c'est simple et manifeste, à dirimer instantanément la controverse d'autrefois sur la possibilité ou l'impossibilité de faire jamais penser la pure matière, fût-on doué de la toute-puissance divine pour cette entreprise. Nous le répétons [2], si la matière dont on parle reste purement matière, elle n'a pas et ne peut pas avoir la vie ; et si elle ne l'a pas, elle ne peut absolument produire l'acte vital de penser ou de vouloir. — Cela devrait aussi suffire à clore, par la négative, les disputes actuelles sur la possibilité d'une évolution partant de la molécule inerte et arrivant à la cellule vivante. Pour s'élever ainsi par elle-même, la molécule devrait, à un certain moment, faire je ne sais quelle fonction ou demi-fonction de *moteur vivant;* mais si elle est réellement simple molécule non-vivante, on ne la verra certainement jamais agir

---

1. Quand l'agent est composé d'*esprit* et de *matière*, et c'est justement et uniquement le cas de l'homme, il peut agir *spirituellement* ou *corporellement*, et l'on ne doit pas attribuer *toutes* ses actions à sa causalité *spirituelle ;* il ne se nourrit point et ne digère point par l'esprit, mais par la force végétative unie à ses forces intellectuelles dans son âme essentiellement spirituelle. — De même le végétal et l'animal ne gravitent et ne pèsent pas en vertu de leur vie organique, mais de la matière qu'elle inclut nécessairement en soi. — Comment un *esprit* peut produire un effet *matériel*, nous l'avons déjà indiqué plus d'une fois, par exemple, *page* 142.

2. Voir *pages* 51-52.

en cellule vivante ou demi-vivante, — car un commencement de vie, si humble qu'on le veuille supposer, est justement le contraire de l'inertie et de l'inorganicité essentielles à la molécule initiale. — Cela doit enfin suffire, et pour la même raison, à convaincre les panthéistes que jamais ils ne feront les actes et ne franchiront les limites au-delà desquels ils seraient *Dieu*[1].

3. Des deux lois précédentes, on peut en inférer une *troisième* que voici : *l'action est libre ou nécessitée, suivant que l'être lui-même est libre ou non, relativement au terme de son opération.* — Il y a, en effet, une immense catégorie d'êtres ou d'agents qui par leur nature, et par l'impulsion créatrice dont elle procède, sont essentiellement coordonnés à d'autres êtres avec lesquels ils doivent ainsi former des groupes *nécessaires*, d'après le plan du créateur. — Tels sont d'abord tous les êtres dépourvus d'intelligence et de volonté spirituelles, qu'ils soient inertes, inorganiques, ou qu'ils possèdent la vie et l'organisme matériels des végétaux et animaux. A moins d'être mécaniquement entravés dans leurs mouvements internes ou externes, ils vont forcément et fatalement vers le terme auquel ils sont

---

[1]. On dit que certains d'entre eux, aujourd'hui comme dans l'antiquité, se sont naïvement sentis le devenir : ils ont tout simplement confondu le vrai Dieu avec de faux demi-dieux ; et leur panthéisme s'est trouvé, encore une fois, pure *idolâtrie*.

destinés ; et ce mouvement nécessité, cette tendance inéluctable, sont précisément le grand et irrésistible moyen dont la providence divine se sert pour régir le monde physico-chimique et le faire concourir à l'exécution de ses desseins absolus. — Même doués d'intelligence et de volonté spirituelles, l'ange et l'homme vont forcément, fatalement, vers le terme propre de leur double puissance de connaître et d'aimer. En présence de la vérité pleinement évidente, de *la vérité même*, ils ne peuvent pas n'y point adhérer et n'y point conformer leur pensée, non plus que le miroir à l'objet nettement éclairé qu'on lui propose. En présence de la bonté sans mélange de mal ni d'imperfection, de *la bonté même*, ils ne peuvent pas ne point la vouloir et ne point l'aimer, non plus que le fer attiré par un aimant dans la zone duquel il se trouve renfermé. C'est encore, et non moins efficacement que tout à l'heure, un infaillible moyen dont use la providence pour gouverner le monde des âmes humaines et des purs esprits. — Même Dieu, esprit et amour infinis, infiniment au-dessus de toute vérité et de toute bonté finies, ne peut pas ne point admettre le vrai et ne point aimer le bien quels qu'ils soient, infinis en lui et par leur identité avec lui, ou finis et dérivés de lui dans l'univers. Certes, Dieu n'a pas à se régir et à se gouverner soi-même ; et pourtant l'on peut dire que telle est la loi fondamentale de sa nature, et qu'il agit *nécessairement* par voie de connaissance et de volition, à l'égard de tout ce qui est vérité et bonté.

4. — Mais si un être quelconque n'est pas essentiellement coordonné ou connexe avec un autre ; s'il n'est pas destiné par nature à former avec lui un groupe nécessaire ; ou si enfin il est mécaniquement empêché de tendre et d'arriver à lui, l'action qu'il peut produire à son égard n'est plus fatalement et inéluctablement déterminée par son influence : elle conserve dès lors, relativement à lui, indépendance et liberté. — On le voit à quelque degré déjà dans le monde *matériel* même, quand on soustrait violemment un corps aux forces attractives qui le sollicitaient à tel ou tel mouvement : il est comme l'aiguille aimantée qui s'affole et se meut à l'aventure, sans retrouver le pôle où elle se fixait paisible et immobile auparavant. — La plante et l'animal peuvent être ainsi soustraits à l'attirance de la lumière, de la nourriture, du plaisir. — L'homme échappe à la tyrannie des passions en s'éloignant de leur objet ; il reste libre en face de vérités certaines mais non évidentes, par exemple en face de témoignages historiques, dont l'autorité ne le subjugue jamais comme l'évidence de la logique ou de la mathématique. — Dieu, qui n'est pas libre de méconnaître la moindre vérité, de ne pas aimer la moindre bonté, l'est absolument de créer ou non les

choses finies, parce que leur existence actuelle n'est pas un bien essentiellement connexe à sa gloire, à son bonheur, à son infinie perfection [1]. — Ainsi le domaine de la liberté dans l'*action* est aussi vaste que celui de la liberté dans l'*être*; et la liberté dans l'*être* se trouve partout où il n'y a pas coordination essentielle d'existence, de puissance, de force, relativement à un centre les attirant implacablement dans son orbite, ou bien à un point fatalement englobé lui-même dans le leur.

5. — L'action résultant d'attractions essentielles et irrésistibles est objet de *déterminisme*, comme on dit maintenant, — de *nécessité absolue*, comme on disait autrefois. Cela veut dire que *l'agent* fini, dirigé par sa nature à produire un bien, soit interne soit externe, dont il ne peut fuir l'attrait ni repousser l'impulsion, tend inéluctablement à se compléter en le possédant, ou à ne pas se diminuer en le perdant. — Au fond, c'est par l'auteur de sa nature, c'est par Dieu créateur et premier moteur, qu'il est poussé et déterminé à telle ou telle action que requiert sa nature. Ce n'est plus lui qui se

---

[1]. Assurément, tout être créé tend essentiellement, par le fond de sa nature, à glorifier Dieu; et c'est là sa fin absolument nécessaire. Mais rien *en Dieu* n'a besoin des choses créées; tout ce qu'il est possède sans elles une perfection infinie, absolument complète et absolument autonome à leur égard. — Pourquoi, en revanche, toute créature intelligente n'est pas entraînée absolument à le louer, à le le glorifier, nous l'indiquerons ci-après, *théorème* XXVIII.

détermine, comme dans le cas où il agit librement ; et si le terme où il tend semble le déterminer, ce n'est point uniquement par une influence propre à ce terme, mais par la puissance et l'attrait que Dieu a mis en celui-ci. L'action et l'effet résultant de là sont donc finalement, quoique médiatement, voulus et produits par Dieu. — Ce suprême moteur étend assurément son influence sur les actes *libres* où la volonté finie se détermine elle-même, à l'abri de toute détermination extérieure, soit matérielle soit immatérielle ; mais alors le concours divin respecte l'indépendance de l'agent, et il lui laisse toute la responsabilité de son opération ; il ne fait que soutenir sa durée et sa puissance, d'abord pour la décision à former, et ensuite pour la réalisation à en faire. De même que Dieu accommode pour ainsi dire sa puissance infinie aux *êtres* qu'il crée et qu'il gouverne, il adapte son concours aux *actions* de ces êtres divers, donnant une impulsion *nécessitante* à celles qui ne doivent pas se produire librement, et une impulsion *respectueuse de leur autonomie* à celles qui doivent se produire librement.

6. — Une *quatrième* et dernière loi peut ainsi se formuler : *l'action faite conformément au plan de la divine providence est toujours un principe d'ordre et d'harmonie ; et si elle appartient à un agent capable de connaissance sensitive ou intellective, elle est pour*

lui une source de satisfaction et de plaisir. — Même dans le monde physique, les opérations régulières et normales aboutissent à sauvegarder ou amplifier l'être voulu par le créateur, — à maintenir ou développer l'harmonie des impulsions données par le suprême moteur. Un régime d'équilibre et de paix domine alors dans la nature, et permet à chaque élément, inorganique ou organique, de remplir son rôle dans l'universel concert des êtres et des forces. — On ne peut dire que les végétaux ni surtout les minéraux en ressentent du bien-être et du bonheur[1] ; mais on est autorisé par les faits à dire que les animaux, et principalement les hommes, *se trouvent bien* d'agir conformément aux lois de leur nature corporelle. Contenue dans les limites où elle doit se renfermer, leur activité est pour eux une *récompense* en même temps qu'un complément d'être. Le *plaisir* qu'ils en retirent est un condiment pour leur effort vital, qui autrement leur serait *très souvent déplaisant*, et qu'ils ne déploieraient pas au degré voulu. — Cela se voit particulièrement dans l'homme, où le plaisir supérieur de l'âme, de la conscience morale, excite ou réprime le jeu des facultés inférieures et des puissances spirituelles mêmes. Sans doute ce n'est

---

1. Les végétaux en pourraient ressentir quelque peu, si réellement ils avaient connaissance ou conscience d'eux-mêmes, d'une fonction ou d'une perfection, même très élémentaires, renfermées en eux.

pas le motif suprême du bien agir, la règle souveraine du bien vivre : mais c'est un adjuvant providentiel, d'une réelle efficacité. — Si l'on veut en abuser, et surtout si l'on abuse fréquemment du plaisir physique et sensible, l'activité normale de l'esprit et du corps en est diminuée, entravée, et parfois même faussée ; la nature, ou plutôt la providence, prend sa revanche contre l'agent qui substitue le moyen à la fin, la jouissance à l'action. — Il n'en sera pas autrement dans l'état définitif et céleste de l'humanité : ni le plaisir ni la joie n'en feront le véritable prix ; le paradis mahométan est antiphilosophique au suprême degré ; agir dans l'ordre, dans la paix, dans la perfection, c'est la formule du véritable bonheur [1].

7. — La *douleur*, dans le monde physique, paraît bien être le signe avertisseur des désordres contraires aux lois de la vie animale ou humaine. *L'absence de plaisir* n'a pas une signification aussi importante, puisque l'*habitude* de bien agir peut diminuer le plaisir qu'on y trouve, et que toute bonne opération est loin d'avoir cet encouragement et cette sanction du bien-être : néanmoins une vie physique ou morale *totalement* dépourvue de satis-

---

1. Les *habitudes* devenant pour ainsi dire de *secondes natures*, l'exercice en peut être agréable quand même elles seraient mauvaises physiquement ou moralement. Mais ce plaisir *anormal* serait théoriquement plus dangereux que l'*abus* du plaisir *normal*.

faction devrait inspirer quelque doute sur sa bonne direction, ou sur le bon état de ses puissances, de ses facultés. — Ainsi la douleur que nous avons vue survenir dans l'existence comme une *revanche* prise et une juste *punition* portée par le suprême moteur du bien, est aussi une preuve de sa bonté et de sa prévoyance envers nous : il veut nous avertir et nous éloigner du danger, du désordre, du mal ; et la *souffrance*, comprise de cette façon, est tout le contraire de ce que la frivolité contemporaine prétend y voir de dur, d'injuste ou d'impuissant, de la part du divin créateur et de son pouvoir providentiel [1].

1. En raison des habitudes aussi, bien des choses paraissent douloureuses et le sont réellement, qui ne devraient pas l'être. De notre temps surtout, il y a beaucoup de *subjectivisme* de ce genre.

CHAPITRE II.

QUESTIONS SPÉCIALES.

ARTICLE I.

L'Action Physico-Chimique.

THÉORÈME XIX.

L'action purement physico-chimique dont tous les corps, vivants ou non-vivants, sont tributaires, est une réalité bien positive qui remplit le monde de ses continuels mouvements; elle n'opère pas à distance, *comme une observation superficielle pourrait souvent le donner à penser, mais toujours par* contact immédiat *ou* médiat, *l'action à distance étant réservée au seul pouvoir divin; les agents matériels purement inorganiques ont dans leur nature même, et principalement dans leur forme substantielle, la* source interne *de leur activité; quant à la* source externe *de toute leur énergie essentielle ou accidentelle, c'est en Dieu, premier et suprême moteur, qu'il faut la placer; et une fois de plus, la vraie science réprouve le songe de l'évolutionnisme.*

1. — Nous touchons à la limite inférieure de l'être, à la matière inorganique, aux corps sans vie ; et pour résoudre la question difficile de l'action qu'il faut leur attribuer, nous avons peu de données sensibles, conséquemment fort peu de lumières intellectuelles. — Il y a sans doute un grand nombre de faits constatés par la science moderne relativement au dynamisme de la matière brute en général ; mais quand il faut analyser ce genre de phénomènes, et définir ce qu'est l'attraction universelle en soi, ce qu'est l'attraction moléculaire ou chimique, ce qu'est l'activité lumineuse ou électrique, ce qu'est la pesanteur ou le mouvement des atomes et de l'éther, ce que sont enfin cet éther et ces atomes, la science moderne se tait presque entièrement, et la philosophie traditionnelle ne fait que balbutier ; quant à la philosophie kantiste, subjectiviste, elle ferait certes mille fois mieux de se déclarer incompétente que d'essayer des explications où elle s'égare comme à plaisir et contre tout bon sens.

2. — Quoique l'action matérielle dont nous parlons en ce *théorème* ne soit à aucun degré vitale, elle peut cependant s'exercer, non seulement sur des choses purement matérielles, sur des corps tout à fait inorganiques, mais aussi sur des êtres vivants, organiques, et sur le composé humain qui est à la fois corporel et spirituel. C'est ainsi que l'air et les gaz agissent sur les plantes, que les minéraux agis-

sent sur nos organes externes ou internes, par exemple en excitant notre connaissance ou notre appétition matérielles. — Les corps vivants, en tant qu'ils sont matière et non pas agents végétatifs ou sensitifs, opèrent continuellement sur d'autres corps non-vivants ou vivants. Il y a entre les plantes et la terre où elles croissent, entre les végétaux de telle catégorie et ceux de telle autre, entre le règne botanique et le règne zoologique, entre ces diverses séries ontologiques et le genre humain, des relations d'ordre purement mécanique ou physico-chimique, des actions et réactions moléculaires, des attractions et des phénomènes de pesanteur, des oxydations réciproques, pour ainsi dire de continuelles endosmoses ou exosmoses. Nous englobons tous ces faits dans la formule d'*action exclusivement matérielle*, et nous tâchons d'en fournir une explication strictement philosophique.

3. — Que cette *action matérielle* soit une réalité positive et objective, on n'en saurait douter, si l'on observe sommairement les innombrables productions de mouvement local, les incessants changements d'état, les continuels effets de combinaison ou de décomposition, qui apparaissent dans le cosmos. Il est évidemment rempli d'opérations mécaniques, qui entraînent à leur suite une multitude énorme de modifications physiques et chimiques, ou qui résultent à chaque instant de

celles-ci. — L'étude approfondie de notre sphère immédiate nous révèle, au-dedans des choses corporelles et de nous-mêmes, autant de mouvements pour le moins que nous en voyons au dehors [1] ; et sans jamais parvenir à dénombrer cette effrayante quantité de motions, imprimées ou reçues, nous devons les exprimer à chaque instant par milliards et toujours par milliards. — Or elles semblent avoir pour commun caractère, au jugement du bon sens vulgaire et de la science, de se faire par *contact immédiat* de l'agent producteur avec le sujet récepteur, et réciproquement. — Dans les actions et réactions *chimiques*, on n'en peut douter. Dans les actions simplement *physiques*, comme la propagation de la lumière, de la chaleur, de l'électricité, on pourrait être tenté de

---

[1]. Rappelons pour exemple l'incessant écoulement et l'incessant renouvellement des éléments cellulaires, anatomiques, de notre propre corps. Les savants spiritualistes en font grand état pour démontrer l'existence d'un principe vital, d'une âme assurant l'unité et la permanence de notre être matériel, au milieu de ce « torrent » qui emporte et renouvelle tout, dans une période probablement assez courte. N'exagérons cependant pas ce remarquable phénomène, au point de nier que quelque chose de *matériel* persiste avec l'âme et par l'âme. Qui prouvera que *rien, absolument rien*, ne reste en nous des cellules les plus essentielles à notre existence initiale? Ne forçons ni les témoignages ni les conclusions logiques de nos expériences : ce qu'elles nous rapportent de bien certain à ce sujet est déjà suffisamment merveilleux. Il faut craindre de diminuer outre mesure la *réalité matérielle*, et de faire le jeu de l'*idéalisme* logique ou du *formalisme* dynamique.

croire que le contact n'existe pas et que l'agent opère *à distance ;* on le soupçonnerait, peut-être davantage encore, dans la détermination de nos sens cognoscitifs ou appétitifs par les objets physiologiquement connus et voulus. Mais l'analyse scientifique tend de plus en plus à persuader que tous les phénomènes de la physique et de la chimie adviennent moyennant contact, vibration, ondulation, travail atomique ou moléculaire immédiat. — Et il ne faut assurément pas s'en étonner ; car rien ne serait plus difficile à comprendre que cette *action purement matérielle à distance*, dont plusieurs philosophes étaient parvenus, disaient-ils, à se convaincre. Mais n'étaient-ils pas victimes, en cela, de leur imagination, et entraînés par elle à confondre l'action divine de création avec l'action corporelle ? C'est ce que nous allons voir.

4. — Quand Dieu crée un être qui antérieurement n'existait pas, évidemment il agit sur un pur possible qui n'est encore *nulle part*, sauf dans la *logique des choses* dont il est pour ainsi dire la résultante *idéale* et *algébrique*. Le créateur, le premier moteur, opère en ce cas-là sur un terme *infiniment distant* de son être infini, même *infiniment distant* de l'*être fini* qu'il veut produire ; et il opère sur ce possible sans nulle *application* de sa force créatrice, sans nul *contact* de sa toute puissance, uniquement par la *décision* et l'*ordre* de sa souveraine raison pra-

tique. — Quand il l'a créé, l'*application* et le *contact* de son énergie infinie demeurent toujours impossibles relativement à ce nouvel être [1]. Néanmoins, il l'enveloppe désormais dans la sphère de son *omniprésence*; et l'on ne peut plus dire aussi rigoureusement qu'il agit sur lui *à distance*, quand il lui donne ses impulsions, quand il lui prête son concours, quand il le fait avancer dans la voie qu'il lui a providentiellement tracée. — Or, si Dieu n'agit vraiment *à distance* qu'en pensant et en voulant, attribuera-t-on ce privilège à la matière corporelle, pour toutes les opérations et les attractions qu'elle exerce sur des corps avec lesquels elle n'a pas de contact? Est-ce qu'elle est capable de décider, de vouloir, d'ordonner ? — Mais l'*âme* elle-même, et probablement les *intelligences angéliques*, n'agissent sur d'autres âmes, sur d'autres esprits, à plus forte raison sur des objets matériels, qu'en leur communiquant, d'une façon plusieurs fois indiquée [2], le mouvement qui est en elles et qui passe

---

[1]. Ni physiquement ni métaphysiquement, on ne saurait concevoir l'infini appliqué au fini, et un contact quelconque entre eux. On concevrait plus aisément l'application et le contact du moins avec le plus, d'un nombre avec zéro, de l'être avec le non-être, que de l'infini absolument parfait, absolument simple, avec le fini imparfait et composé. Ce sont là des imaginations dont la vraie philosophie doit se garder, à l'exemple de la théologie dans sa doctrine si profonde et si délicate de l'Incarnation.

[2]. Par exemple, voir *p.* 142 et les endroits y cités.

d'elles à eux par adaptation et continuité. De grâce donc, n'attribuons pas aux atomes, aux molécules, ce qui est refusé à des êtres et à des agents très supérieurs.

5. — Parler d'attraction ou de répulsion soit moléculaires soit universelles, ne signifie conséquemment pas que des éléments distincts et distants se désirent et se recherchent, se haïssent et se fuient, se commandent et s'obéissent, et finalement *s'attirent* ou *se repoussent* de plus ou moins loin, en vertu d'une énergie métaphysique et mystérieuse qu'ils auraient en eux-mêmes, et en conformité avec des *lois* qu'ils ne connaîtraient nullement, ou qu'ils connaîtraient un peu à la manière des monades leibniziennes. — Ce qui se peut fort bien, c'est qu'ils agissent à travers le milieu, ou même à travers le vide qui les sépareraient [1]; que de proche en proche leur mouvement s'étende de l'un à l'autre, modifie leur équilibre antérieur, leur donne de nouveaux états ou même leur impose de nouvelles combinaisons. Cela peut se faire *à distance*, mais cela seulement. — Terminons en disant que sans doute le *contact médiat* ou *immédiat* n'est pas précisément une *cause efficiente*, mais il paraît bien être une

---

[1]. A supposer qu'il y ait quelque part un vide complet, il n'empêcherait nullement la matière ambiante, l'éther par exemple, de pouvoir y pénétrer et y mettre du même coup l'étendue réelle, avec toute possibilité de contacts immédiats puis médiats.

condition nécessaire de l'action et du mouvement : les découvertes les plus récentes en fait de physique et de cinématique ne permettent guère d'en douter.

6. — Si les corps ou les molécules agissent et réagissent lorsqu'ils sont en contact immédiat, ou du moins quand ils sont réellement enveloppés dans un milieu commun sur lequel ils agissent et qui réagit sur eux, on est fondé à croire que la raison causale et vraiment effective de ces remarquables phénomènes est la nature même de ces corps, de ces molécules, soit par sa composition *substantielle*, soit par les motions et perfections *accidentelles* qui peuvent s'y ajouter. — Leur être substantiel est ce qu'il est, en vertu de la *création* divine originelle ; leur être accidentel est ce qu'il est, en vertu de l'*impulsion* divine, originelle aussi ; les éléments et les mouvements cosmiques ne font qu'en renouveler et en modifier à chaque instant les conditions individuelles, concrètes, transitoires. — Mais il faut bien se garder de confondre cette masse énorme d'êtres en mouvement, avec la substance divine. Dieu leur a donné l'existence et l'énergie ; il les leur conserve ; il concourt à la production de leurs effets : mais il ne se substitue à eux et à leurs actes, ni comme être, ni comme force, ni comme action. La fausseté de l'hypothèse panthéiste a déjà été signalée au cours de notre

travail¹, et nous n'avons pas à y revenir. — Quant à croire que les êtres matériels existent mais n'agissent pas ; et que, sous l'apparence de leur incessante activité, Dieu seul opère réellement, c'est une forme inacceptable de cet idéalisme, de cet illusionnisme, dont nous signalerons un peu plus tard l'entière fausseté².

7. — Si l'on veut examiner de près la source intrinsèque de l'activité et de l'action dans les corps purement matériels, on s'abstiendra aisément de la placer dans l'étendue, dans le poids, dans la pesanteur uniquement. L'élément passif de la molécule, la *matière première* des anciens, ne paraît guère capable de lui fournir le mouvement actif, énergique, efficient, qu'il faut attribuer bien plus logiquement à la *forme substantielle*, élément d'unité et de résistance, empêchant la dispersion et conséquemment l'anéantissement de la force matérielle. — Si des modernes préféraient distinguer, comme nous l'avons supposé³, des *atomes surtout actifs* et des *atomes surtout passifs*, — dont la combinaison ou construction donnerait la molécule proprement

---

1. Surtout au *théorème* XIV.
2. Au *théorème* XXVI. — Il est peut-être opportun d'observer que la somme de mouvement réalisée dans le *cosmos* n'est pas infinie, nécessaire, perpétuelle. On la voit croître ici et diminuer là, apparaître sur un point et disparaître sur un autre. Pareil mouvement est certes loin d'être le vrai Dieu.
3. *Page* 57.

dite et ses agrégats, — évidemment l'*atome actif* serait le vrai *moteur interne* des actions matérielles; l'*atome passif* n'en serait que le *revêtement* ou, d'une certaine manière, l'instrument de manifestation et de transmission.

8. — Encore que l'activité purement matérielle ne soit ni prolifère, ni génératrice d'existences complètement nouvelles comme les végétaux ou animaux naissants ; encore que ses productions même les plus importantes emploient, pour réaliser de nouvelles combinaisons chimiques, des molécules ou des atomes actuellement déjà subsistants, — elle n'en augmente pas moins la quantité d'être *accidentel* contenu dans l'univers au moment précis de ces mêmes opérations. — Sans doute la physico-chimie démontre, par ses expériences et ses calculs, que rien de *substantiel*, de *pondérable*, ne se crée présentement dans le monde inorganique soumis à nos observations ; mais elle ne démontre nullement que la philosophie ait tort d'affirmer la production, par les actions matérielles, d'*effets accidentels et impondérables*, voire même de *formes substantielles pareillement impondérables*, au sein de nouvelles combinaisons chimiques aboutissant à constituer des corps plus ou moins stables [1]. — La

---

1. L'ancienne philosophie, soutenue en cela par la dogmatique révélée, ne considérait pas la résistance et la pesanteur comme *essentielles* à la substance, surtout à la *forme active*, soit substantielle

physico-chimie démontre aussi, par ses chiffres et ses balances, que rien ne se perd des *atomes* et des *molécules* employés dans la construction des corps simples et composés ; elle démontre, par voie de conséquence, que tous les principes élémentaires capables de produire du mouvement matériel demeurent en quantité fixe et parfaitement égale dans le *cosmos ;* mais elle ne démontre pas que le philosophe ait tort de rappeler ici la théorie, un peu trop négligée, de la *dégradation de l'énergie ;* elle ne démontre pas que les corps spéculativement aptes à produire du mouvement et du travail, y soient toujours *également* aptes en pratique. Les sciences n'hésitent pas à reconnaître, quand elles sont vraiment libres de préjugés, que la terre et le système planétaire dont elle fait partie se refroidissent peu à peu, tendant ainsi à s'immobiliser et à s'endormir dans un sommeil de mort. — Loin donc que l'ensemble des forces et des mouvements cosmiques monte dans le sens de l'*évolution universelle*, il descend peu à peu dans le sens d'une *dégradation matérielle* dont la providence arrêtera

---

soit accidentelle, qui pouvait supranaturellement être séparée, nous l'avons dit (*p.* 16, *note* 3), de la quantité et de ses dérivés passifs. Ce qu'il y a *de plus substantiel* dans les corps, leur *substance proprement dite,* ne nous était donc pas connu directement, mais seulement par voie indirecte et par raisonnement. Cette doctrine était fort importante dans la théologie eucharistique, où son rôle est encore à présent d'une haute importance.

peut-être le cours, par des moyens à elle connus ; — mais, de ceux-ci, le matérialisme qui les ignore ne peut évidemment tirer ni arguments, ni certitudes, ni même vraisemblances, en faveur de la plus chère et la plus retentissante de ses théories.

ARTICLE II.

L'Action Physiologique.

THÉORÈME XX.

L'action physiologique *est essentiellement distincte de l'action simplement physico chimique des vivants ; elle est spécifiquement* vivante *elle-même, non pas seulement quant à ses manifestations phénoménales ou extérieures, mais quant à son être le plus intime ; elle est partiellement spontanée et partiellement déterminée par le monde matériel et par la nature de l'agent qui la produit ; elle n'est pas moins* matérielle *que vivante, et ne saurait jamais être confondue avec l'action spirituelle de l'intelligence ou de la volonté ; elle est pourtant assez souple pour mouvoir, non pas chaque cellule seulement, mais des groupements très nombreux et même des êtres pluricellulaires très considérables ; sans exagérer la distinction de l'action végétale et de l'action animale, il faut la maintenir absolument, essentiellement, comme la manifestation de deux natures et de deux principes vitaux spécifiquement différents.*

1. — L'action *physiologique*, qui est propre à la matière vivante et organisée, n'est pas seulement

le fait incontestable de telle ou telle opération physico chimique transportée dans le monde végétal ou animal. Des changements d'état, des productions de chaleur et de froid, des attractions et des répulsions, des réactions et des combinaisons, se produisent incontestablement dans les corps vivants comme dans les corps bruts ; des deux côtés, les lois de la pesanteur et de la chute des graves sont les mêmes, comme celles de l'expansion ou de l'impénétrabilité, et comme bien d'autres. — Dans l'organisme vivant, les combinaisons chimiques sont incontestablement plus simples quant aux éléments employés, plus complexes et plus riches quant au nombre et aux proportions des atomes constituant l'édifice cellulaire ; la construction s'en fait d'une manière bien plus souple et suivant une méthode bien plus flexible ; les résultats n'obéissent pas uniquement au régime de la ligne droite, comme la cristallisation moléculaire; quelle que soit la beauté géométrique des cristaux, elle paraît bien inférieure à la perfection esthétique des végétaux et des animaux ; en revanche, déviations ou anomalies, cas pathologiques ou tératologiques, — sont extrêmement fréquents en botanique, en zoologie, tandis qu'on ne voit que de simples perturbations et moins de cristallisations défectueuses dans le monde minéral. — La physique et la chimie des êtres vivants ont donc certains caractères très spéciaux, — mais plutôt extérieurs qu'intérieurs, plutôt accidentels qu'essentiels ; et philosophiquement parlant, cette diversité ne suffirait pas à spécifier l'action physiologique et à la discerner radicalement de l'action purement physico-chimique.

2. — Ce qui donne à *l'activité physiologique* son caractère propre, essentiel, incommunicable, c'est qu'elle est *interne, spontanée, procédant de la cellule ou de l'être cellulaire*, et *s'exerçant toujours* sur cette cellule ou être cellulaire, qu'il doive en résulter ou non ensuite une motion et production d'être extérieur. — L'opération physiologique n'est donc pas uniquement l'effet d'une impulsion reçue d'ailleurs, et communiquée par le contact d'un moteur vibrant au dehors. Le principe actif de la cellule est immédiatement en elle, il est réellement à elle, il est finalement pour elle, — assurément sous l'impulsion créatrice et sous le gouvernement régulateur du premier et suprême moteur. — Lors même, ce qui est extrêmement fréquent, que la puissance naturelle incluse dans la cellule vivante est sollicitée et provoquée du dehors à produire son opération, c'est bien elle qui se meut, agit, effectue le travail demandé. — Je ne dis certes pas qu'elle le fasse en pleine et entière *liberté*, qu'elle puisse se refuser à l'exécuter, qu'elle jouisse de l'autonomie que nous reconnaîtrons plus tard dans

un très grand nombre de faits d'activité *spirituelle*. Non, je ne le dis pas, attendu que cela est faux : toutes les actions physiologiques sont *mécaniquement déterminées* comme les actions physico-chimiques, avec moins de rigueur et de fatalité pourtant dans ce déterminisme. — *Être déterminé* ne signifie pas, en biologie, *recevoir son énergie et la transmettre*, mais *être mis en demeure et en acte d'employer l'énergie dont on dispose par nature* plus encore que par impulsion étrangère.

3. — On se tromperait cependant fort, et l'on confondrait l'action physiologique, toujours *matérielle*, avec l'action spirituelle, toujours *immatérielle*, si l'on croyait que l'activité ou puissance organique ne renferme en soi rien de corporel, de quantitatif, d'étendu : alors elle serait une âme humaine, un ange peut-être, qu'elle n'est sûrement pas. — On se tromperait également si l'on croyait que la force, l'énergie, la puissance physiologique, est simplement *contenue* dans les tissus organiques végétatifs ou sensitifs, comme la vapeur dans une machine à feu, comme l'électricité dans un accumulateur. Le principe de l'action dans la plante, dans l'animal, est la *vie* même, l'*être vivant*, la *nature* composée d'un corps et d'une âme : autrement, l'action physiologique ne serait plus que matérielle et physico-chimique, — à moins d'être entièrement immatérielle et par conséquent spiri-

tuelle, ce qu'elle n'est pas dans l'homme même ¹. Quand donc la plante respire ou se nourrit, quand l'animal voit ou désire, quand l'homme entend ou imagine, ils produisent des actes *matériels* comme l'attraction moléculaire ou comme les réactions chimiques, mais des actes qui sont simultanément et essentiellement *spontanés* et *vitaux*. — Et parce que toute opération corporelle a besoin, pour se réaliser, de puiser ses éléments et son énergie physiques dans le milieu matériel où elle est placée, et dont elle dépend comme un point quelconque dépend du système de molécules ou de forces dont il fait partie, — la respiration, la nutrition, l'augmentation, la locomotion, la reproduction, toutes les autres opérations physiologiques, puisent dans leur ambiance tout ce qu'il leur faut de matière et d'énergie pour correspondre effectivement à l'impulsion, à l'excitation, à la motion, qui leur viennent tout ensemble du dedans et du dehors, de leur nature et des impressions du *cosmos* ².

4 — L'action *physiologique* ne se contente pas de recevoir du dehors ; elle rend, elle donne, elle

---

1. La vie végétative dans l'homme reste végétative, la vie sensitive reste sensitive, l'une et l'autre restent organiques et matérielles ; — de même qu'en revanche la vie spirituelle reste spirituelle dans ce composé humain fait de matière et d'esprit, sans confusion ni mélange.

2. L'agent *physiologique*, quel qu'il soit, est une quantité *finie* de puissances et d'énergies. On la voit diminuer et tendre à s'épuiser

réagit, d'une façon continuelle et très active. On sait depuis quelques années le rôle merveilleux des micro-organismes dans l'ensemble des choses vivantes et non-vivantes ; on sait depuis plus longtemps la double action, en sens inverse, des végétaux et des animaux, ou plutôt des êtres soit pourvus soit dépourvus de chlorophylle, et leur intervention prodigieuse dans la fixation ou dans la consommation de la chaleur et de l'énergie solaires. — Nous avons ainsi des exemples et des preuves remarquables de l'empire qu'exercent les êtres supérieurs sur les êtres inférieurs, la vie sur la matière inerte, la physiologie sur la physique et la chimie élémentaires ; ainsi la voie nous est de mieux en mieux aplanie pour arriver à comprendre que la vie incorporelle, la vie sans matière et sans éléments sensibles, puisse agir sur la matière organique ou même inorganique. — L'unité du monde, — nous ne disons pas l'identité complète de toutes ses parties et de tous ses éléments, — nous apparaît de plus en plus comme une réalité parfaitement objective, non seulement comme une élégante et

---

complètement par ses efforts, par son travail, par sa vie même. Pour se maintenir dans l'existence, et surtout pour perpétuer son espèce et sa race, la nutrition lui est donc absolument indispensable. La substance *spirituelle*, ne perdant rien d'elle-même quand elle agit, n'est pas soumise à cette loi d'absolue dépendance envers les autres substances finies : elle n'a essentiellement besoin que de Dieu son créateur et son moteur.

sublime construction de la raison philosophique. — Et s'il est absolument impossible, parce qu'il est entièrement absurde, de confondre Dieu avec son œuvre matérielle, c'est désormais chose aisée de concevoir qu'il l'ait pu créer et qu'il la puisse gouverner. L'*action physiologique* facilite singulièrement l'intelligence de l'action *théologique* ou *divine* elle-même.

5. — Encore que l'action physiologique soit essentiellement *matérielle* en même temps que *vivante*, elle est pourtant due *principalement et premièrement à l'âme*, soit dans les végétaux et les animaux soit dans le composé humain. — Si l'agent est un être *unicellulaire*, nulle difficulté à saisir son mode d'opération sur son domaine total : il lui est adéquat, et par conséquent il le meut d'une façon toute naturelle. — Mais si cet agent est un être *pluricellulaire*, on ne voit pas aussi aisément que sa puissance énergétique puisse s'étendre à plusieurs cellules, quelquefois à un très grand nombre, et les mouvoir dans une parfaite unité. — Mais qu'on veuille bien réfléchir à la germination des cellules dans une étroite et mutuelle dépendance, surtout à l'égard de la cellule primitive, si toutefois elle n'a pas disparu dans ce travail d'accroissement ; qu'on veuille bien observer que dans les animaux le système nerveux est un instrument prodigieux de synthèse pour la sensation et pour l'action ; qu'on

veuille bien se rappeler que la transcendance d'une cause ou d'une force ne l'empêche pas de produire des effets qui ordinairement se produisent aussi par des causes et forces inférieures : — et l'on comprendra que le principe vital peut animer et gouverner, dans la plante, une multitude de cellules orientées vers une destination commune et enchaînées par des liens très intimes de filiation, de collaboration, de coordination réciproque ; — l'on comprendra que, dans l'animal, un principe vital plus élevé, plus riche en énergie, puisse faire fonction d'âme sensitive aussi bien que végétative, et ajouter à la puissance nutritive, augmentative, reproductive, la capacité organique de connaître, de désirer, de se mouvoir extérieurement dans un espace plus ou moins étendu ; — on comprendra qu'à ces diverses fonctions végétatives et animales, l'âme humaine serve de principe supérieur, immatériel, et qu'elle y ajoute ses fonctions propres de raison intelligente et de libre volonté. — Dans cette union et superposition des facultés, des opérations, on doit s'attendre à trouver une plus grande perfection d'opération si le *principe actif* est lui-même d'ordre supérieur ; et de même que la chimie végétale est plus remarquable dans ses effets que la chimie purement minérale, ainsi la physiologie végétale est plus puissante dans

---

1. Revoir les *théorèmes* VI, IX, X, XIII.

l'animal que dans la plante, et la physiologie animale, plus délicate dans l'homme que dans l'animal. Les phénomènes de nutrition ou de reproduction, par exemple, sont plus admirables dans l'être humain que dans les catégories inférieures ; et la manière dont l'homme se sert du cerveau et des nerfs pour sentir et désirer est plus large, plus féconde, que celle du plus élevé des singes dans l'exercice de ces actes.

6. — Si la limite qui sépare l'homme de la plante et de l'animal est facile à saisir, parce qu'elle se manifeste en nous par des faits d'origine évidemment immatérielle, spirituelle, ne se produisant nullement au-dessous de nous, la barrière qui divise le règne animal et le règne végétal n'est pas si manifeste ni si aisée à déterminer. — On dit que la plante n'a point de sensation, d'appétition, de puissance locomotrice, tandis que l'animal en est fourni. C'est vrai d'une manière générale. Mais n'y a-t-il pas des plantes exceptionnellement douées, qui paraissent bien sentir et se mouvoir, soit au contact d'un adversaire ou d'une proie, soit sous l'influence de la chaleur et de la lumière ? Et n'y a-t-il pas des animaux tellement voisins des plantes, qu'ils sembleraient en avoir la seule nature, avec quelque perfection en plus ? Une plante très améliorée d'une part, et un animal très détérioré d'autre part, ne se toucheraient-ils pas immédiatement dans

l'échelle organique ? Peut-on répondre qu'on ne découvrira pas, un jour ou l'autre, des traces d'organes de sensation et d'appétition dans toutes les plantes ? — La distinction essentielle et absolue entre l'action physiologique des végétaux et celle des animaux, ne saurait donc peut-être s'affirmer qu'avec une certaine réserve prudente [1].

7. — Ce n'est pas sans quelque réserve non plus qu'il faut assigner, comme essentielle à la plante, la puissance de se reproduire, et à l'animal, celle de se mouvoir dans l'espace. L'atrophie de ces forces ne détruit pas la substance d'un végétal, d'un animal [2]. Leur absence régulière et normale, si l'on peut ainsi dire, empêcherait-elle une espèce d'appartenir à la botanique et une autre d'appartenir à la zoologie ? De même qu'un sixième sens ne créerait pas un règne supérieur à l'animalité, une puissance en moins ne ferait pas un règne inférieur à la végéta-

---

[1]. On voit de quelle frivole raison s'inspirait naguère le reproche fait aux botanistes de s'abaisser vers des objets infimes : les animaux ne sont pas infiniment au-dessus des plantes, et au-dessous de celles-ci il y a encore tout un monde d'êtres créés par Dieu ; l'homme lui-même est un végétal et un animal, voire même un composé de substances chimiques ailleurs inertes. Devrait-il ne plus s'étudier, ni rien de ce que Dieu a fait ? Et si, par un sentiment de « dignité personnelle », il ne veut penser qu'à l'immatériel, comment même y arrivera-t-il ? Pascal lui dirait que, « voulant faire l'ange, il fait la bête », et ce serait juste.

[2]. Nous disons évidemment cela des êtres *individuels* ; ce qui suit regarde les *espèces*.

lité. — Nous serions donc peut-être dans le vrai en pensant qu'au jugement de la philosophie la *plante* a pour unique opération *essentielle* et *nécessaire* la *nutrition ;* et que l'*animal* serait exactement décrit *un végétal doué de sensation et d'appétition organiques*. Assurément, s'ils ne se reproduisent pas, leur espèce sera naturellement condamnée à périr après un temps plus ou moins long ; mais la *durée* d'une existence, d'une série d'existences, n'est pas précisément le caractère constitutif et spécifique d'un être ; la multiplicité n'en fait pas la définition ; les fossiles, dont la postérité a complètement disparu, n'en sont pas moins objets d'étude et de science.

8. — Les deux actions les plus remarquables de la vie *animale*, même dans l'homme, sont d'abord la *connaissance*, puis l'*appétition* qui en est le complément logique et indispensable : car à quoi bon connaître, si ce n'est pour désirer ou craindre, pour aimer ou fuir ? — Dans le composé humain, cette double opération se rencontre à deux degrés : ou purement *organique* et *sensitive*, ou *inorganique* et *intellective*. Ce n'est pas comme une division de rez-de-chaussée et d'étage ; ce n'est pas non plus comme une simple séparation de compartiments voisins. C'est l'exercice, par un seul et même sujet, d'une fonction vitale *matérielle*, et ensuite d'une fonction vitale *immatérielle*. Une seule et même âme accomplit l'une et l'autre. Dans la sensation et dans

l'intellection, c'est le même vivant qui sent et qui raisonne ; dans l'appétition sensible et dans la volition spirituelle, c'est toujours le même agent qui aime organiquement et qui veut inorganiquement. — D'où l'on voit la grande nécessité de traiter d'une façon aussi synthétique que possible les deux formes de la connaissance humaine, puis les deux formes de l'appétition humaine. Nous le ferons dans les *deux articles* suivants.

ARTICLE III.

L'Action Humaine Cognoscitive.

THÉORÈME XXI.

Connaître, *c'est* représenter *en soi-même, d'une manière* consciente, *une* réalité *quelconque*, présente, passée *ou même* future, *soit* extérieure *soit* intérieure.

1. — Dans l'ordre même simplement inorganique, bien des choses et bien des faits en représentent d'autres, par voie de ressemblance native, ou d'assimilation adventice.

2. — Interne ou externe, cette représentation d'une chose ou d'un fait par d'autres n'est pas encore acte de *connaissance :* il lui manque pour cela d'avoir *conscience* de sa ressemblance, de sa fonction représentative, à l'égard de tel objet déterminé. Mais si une photographie, par exemple, pouvait sentir ou savoir ce qu'elle est par rapport à son modèle, elle le connaîtrait.

3. — Le *rien* complet, le *néant* absolu, ne peut être représenté, et conséquemment il ne peut être connu : c'est l'*inconnaissable*[1].

---

1. Le kantisme et ses dérivés ont mis l'*inconnaissable* à la mode,

4. — Mais, si faible que soit la réalité, — simple entité de raison, pure possibilité, existence simplement accidentelle et fugitive, — elle est *de soi* connaissable, et d'autant plus connaissable qu'elle est plus réelle, plus parfaite, plus riche en *représentabilité*. Peut-être cette excellence, cette transcendance, empêchera-t-elle une multitude de sujets inférieurs, d'ailleurs capables de connaissance, d'atteindre jusqu'à elle et de la représenter adéquatement ou même inadéquatement : elle demeurera connaissable pour un sujet de sa catégorie ou d'une catégorie supérieure ; et s'il n'en est pas de tel, elle sera du moins connaissable pour elle-même [1].

5. — La réalité actuelle n'est pas la seule qui puisse être et soit réellement objet de représentation. Le *passé* se connaît dans le souvenir, le *futur* se connaît dans la prévision, parce que l'un et l'autre ont quelque réalité, sont quelque chose et

et vraiment on en abuse. L'inconnaissable n'est pas l'immatériel, le spirituel, le divin, — car, s'ils ne sont pas objets de sensation, ils le sont d'intellection. L'inconnaissable n'est même pas le surnaturel et le mystérieux, — car, s'ils ne sont pas objets de connaissance naturelle, ils le sont fort bien de connaissance surnaturelle, de foi révélée et de science théologique. — Sur la connaissance des simples *êtres de raison*, voir *p.* 10.

1. C'est le cas de l'être divin qui ne peut être objet de connaissance directe et adéquate pour aucune nature créée, mais qui se connaît lui-même nécessairement et autant qu'il est connaissable, c'est-à-dire infiniment et sans nulle réserve ni obscurité.

peuvent être objets de représentation. — Leur actualité n'est certainement pas éternelle et nécessaire : aussi n'est-elle pas connue comme si elle l'était. C'est une actualité limitée d'un côté ou de l'autre, parfois des deux, comme l'existence du végétal qui commença d'être un jour et se desséchera le lendemain. Mais cette réalité tronquée est un modèle qui peut avoir son exemplaire. — *Organiquement*, il se conserve dans la *mémoire* et se prévoit dans l'*imagination*. *Intellectuellement*, il subsiste après avoir existé, ou se préexiste à soi-même avant que d'exister, dans les *notions acquises* ou dans les *presciences émises* par la *raison*, qui est à la fois mémoire et imagination inorganiques, immatérielles, spirituelles. — Tantôt simplement conjecturales et probables, tantôt évidentes et certaines, ces connaissances de souvenir et d'avenir ont une extrême importance pour la vie de l'humanité tout entière. Sans elles notre existence individuelle serait plus que misérable, et notre existence sociale impossible.

6. — La réalité, objet de représentation et de connaissance, est parfois identique ou interne au sujet qui représente et qui connaît : c'est le cas de l'animal éprouvant du plaisir ou de la douleur. Le plus souvent, la réalité représentée et connue est extérieure au sujet connaissant : c'est le cas de l'homme qui observe, qui étudie, qui pense, relativement au

monde dans lequel il est de toutes parts enveloppé et plongé.

7. — Plus ou moins réellement donc, connaître suppose toujours la *distinction* d'abord, puis la *réunion* de deux éléments essentiels, — le *sujet* connaissant et l'*objet* connu : car, même en connaissant sa propre personnalité, on se dédouble, on se considère comme objet à représenter, on se représente effectivement soi ou ses actes ; on a conscience de cette assimilation, de cette représentation ; et ainsi, comme sujet, on s'unit à soi-même comme objet.

8. — Que la distinction entre l'objet et le sujet de la connaissance soit réelle, ou seulement logique et artificielle, c'est toujours l'*objet* qui détermine le *sujet* et qui se fait représenter par lui. Le miroir, l'image, la photographie, ne deviennent formellement représentatifs que moyennant l'impression du modèle qui *agit* sur eux, et que la philosophie ancienne appelait *espèce impresse*. A cette action répond la réaction du sujet, qui se moule pour ainsi dire sur son objet, et dont la ressemblance et l'union avec lui se nommaient autrefois *espèce expresse* [1].

---

[1]. Espèce = *species* = image, vision, sensation, intellection. — Impresse = *impressa* = imprimée par l'objet dans le sujet. — Expresse = *expressa* = exprimée, formée par le sujet pour représenter l'objet.— Si l'on se rappelle (voir *théorème* XVII) que l'action est une image de l'être agissant, on comprendra que la détermination imprimée par l'objet connaissable au sujet connaissant, est déjà une

THÉORÈME XXII.

La représentation vitale, consciente, cognoscitive, se produit dans deux sphères distinctes ; dans celle de l'organisme et dans celle de l'esprit ; de là, deux sortes de connaissance humaine : la sensation *et l'*intellection.

1. — Nul doute qu'aux phénomènes du monde physique ne réponde, dans notre corps également physique, une multiple puissance de les représenter physiquement, organiquement, — avec conscience, pareillement physique et organique, de cette représentation. Je vois, j'entends, j'odore, je goûte, je touche, des choses étendues et matérielles dont les qualités ou plutôt les mouvements physiques, se communiquent à mes organes sensoriels. Par exemple, le mouvement lumineux détermine des mouvements analogues et proportionnels dans mon œil ; le mouvement thermique se communique du dehors aux papilles tactiles dont je suis pourvu si abondamment. J'ai très souvent conscience de ces mouvements ou qualités qui se produisent en moi ; et par une induction des plus faciles, faite dès les premiers jours de ma vie, je les considère comme des représentations intérieures de phénomènes exté-

image du premier reçu par le dernier. On s'est beaucoup raillé de cette psychologie antique : on ne la comprenait pas assez dans sa véritable signification.

rieurs dont ils dépendent manifestement. Je *connais* donc ceux-ci comme des objets physiques déterminés, et déterminant ma puissance représentative à leur ressembler, à les représenter [1].

2. — Cette représentation vitale et consciente, étant matérielle, corporelle, organique, et se constatant même avec évidence dans les animaux de classe tant soit peu élevée [2], est un acte de *connaissance organique*, de *connaissance physiologique* ; et on l'appelle ordinairement *connaissance sensitive* ou *sensible*, à cause des *sens*, des organes sensoriels, qui servent de moyens, d'intermédiaires, de véhicules pour ainsi dire, aux mouvements et qualités externes devant *se représenter* d'une façon consciente dans le sujet cognoscitif.

3. — J'ai dit que le sujet de la sensation externe, de la connaissance organique du dehors, connait intérieurement les mouvements et qualités phy-

---

1. Bien entendu, la *conscience* de ces phénomènes subjectifs et subséquents, représentant des phénomènes objectifs et antécédents, ne se produit pas toujours en nous, soit que les circonstances extérieures soit que les conditions intérieures n'y soient pas favorables. Alors il n'y a qu'un *début* de connaissance, et non pas une connaissance effective. L'étude de ces demi-sensations, de ces demi-intellections, aurait un vif intérêt soutenu d'une réelle importance psychologique.

2. Les travaux récents de la psycho-physique sont nettement décisifs à ce sujet. Elle *mesure* les sensations, leur durée, leur étendue, leur intensité, la quantité d'énergie physique nécessaire à leur production.

siques reçus dans les organes sensoriels extérieurs. Il y a donc aussi un *sens interne*, un *sens intime*, un *sens commun* aux diverses impressions qu'il reçoit par la vue, l'ouïe, l'odorat, le goût, le toucher ; et ce sens interne a lui-même ses organes sensoriels intérieurs que la physiologie étudiera sans doute avec succès. — Mais les objets que nous sentons, et dont nous prenons ainsi conscience, ne sont pas seulement ceux du dehors. Il s'en produit une foule au dedans de nous que nous sentons de la même manière : fonctions et motions corporelles, plaisirs, souffrances, passions, relèvent de notre sens intime qui paraît bien se diversifier et se ramifier en plusieurs facultés, comme la sensibilité externe en cinq sens bien connus. La distinction des sensations extérieures et des sensations intérieures est donc pleinement justifiée ; et l'on ne saurait s'en passer dans une analyse vraiment exacte des innombrables phénomènes de la connaissance organique et physiologique [1].

1. La physiologie du cerveau et des nerfs peut rendre les plus grands services à la philosophie et réciproquement. Les puissances animales d'assembler et de coordonner une multitude de faits de sensation externe ou interne, ont pu faire croire quelquefois que la bête ne différait pas essentiellement de l'homme. Si on les étudie sérieusement en psychologue et en physiologue, on s'aperçoit vite qu'elles existent réellement en nous, qu'elles y atteignent même une perfection spéciale, mais qu'elles restent essentiellement inférieures à nos puissances inorganiques et intellectuelles.

4. — L'homme ne *sent* pas seulement. Il représente en soi-même des objets *abstraits*, dégagés des conditions matérielles qui sont nécessairement individualisées et individuantes ; il représente en soi des objets *généraux* qui n'existent pas matériellement, quoique se dégageant ainsi de la matière ; il représente en soi des objets *supérieurs* au monde physique, des causes motrices et directrices de ce grand monde qui est l'univers, ou de ce petit monde qui est le composé humain. Je connais en effet la *beauté*, la *bonté*, et non seulement des objets matériels beaux et bons ; je connais tel ou tel *genre botanique*, telle ou telle *espèce zoologique*, et non seulement des *individus* de ce genre, de cette espèce ; je connais des *lois physiques*, des *règles morales*, des *principes scientifiques*, dominant les faits individuels, concrets, contingents, de l'ordre matériel, de l'ordre religieux ou social, de l'ordre logique enfin ; je connais *mon âme*, ce moteur interne de ma vie corporelle ; je connais *Dieu*, ce moteur infini et suprême de toutes les actions physiques et chimiques, physiologiques et psychiques, dont le *cosmos* immense est incessamment le théâtre [1].

5. — Or, si la *sensation* m'est indispensable pour me conduire à ces connaissances transcendantes, elle est manifestement insuffisante à les produire

---

[1]. On relirait utilement les *théorèmes* XII et XIV, dont nous venons de donner un rapide sommaire.

formellement, à cause de la disproportion de nature, d'essence, qui existe entre le *sujet sentant*, matériel et organique, et l'*objet insensible*, immatériel et inorganique, que je représente en moi-même et que j'ai conscience de représenter vitalement, quand je pense à l'abstrait, à l'universel, à l'esprit, à l'âme, à Dieu. — Nous sommes ici dans une sphère de connaissance supérieure à l'animal, que rien ne nous autorise à en doter, — supérieure à notre corps même, qui dans la toute première enfance, dans le sommeil et parfois dans la maladie, ne manifeste plus que la puissance de sentir. — Nous sommes ici dans ce qu'on appelle le monde *intellectuel* ou *intelligible ;* nous y pénétrons par l'*intellect* ou l'*intelligence ;* et la connaissance que nous y acquérons se nomme communément *intellection, connaissance spirituelle* ou *intellectuelle, connaissance rationnelle* ou *immatérielle, connaissance* pure et simple, *savoir* proprement dit, et quelquefois *science* [1].

THÉORÈME XXIII.

L'imperfection de la connaissance sensitive ou intellective n'est pas du tout l'erreur, la fausseté ; *elle*

[1]. A la notion générique d'*intellection*, l'idée de *raison* ou de *rationalité* ajoute la notion spécifique de *connaissance par discours, argumentation, artifice logique* quelconque ; l'idée de *savoir* ajoute la notion spécifique de *connaissance habituelle et stable ;* l'idée enfin de *science* proprement dite ajoute la notion également spécifique de *connaissance systématisée et synthétisée.*

n'y conduit pas toujours et nécessairement ; elle peut être évitée, diminuée, corrigée, par l'emploi de moyens absolument efficaces, par lesquels finalement elle se trouve ramenée à la vérité, *à la* science.

1. — L'*ignorance absolue* d'une chose n'est pas seulement une imperfection dans l'acte représentatif, dans la connaissance de cette chose ; c'en est l'*absence* même, car alors il n'y a aucune représentation de l'objet dans le sujet, aucune sensation, aucune intellection.

2. — La *fausseté absolue* n'est pas non plus une simple imperfection de la connaissance ; c'est la substitution d'une image à une autre toute différente, — par exemple, du plan de Paris à celui de Londres, ou réciproquement ; c'est formellement ou équivalemment l'affirmation que l'objet X est représenté par l'image A, tandis qu'il l'est uniquement par l'image B ; c'est donc tout le contraire de l'union cognoscitive du sujet avec l'objet qu'il avait en vue.

3. — La *conformité* de ce sujet avec cet objet constitue la *vérité* de la connaissance ; un manque total de conformité introduit l'*erreur*, la *fausseté* ; un manque simplement partiel produit seulement l'*imperfection*.

4. — La sensation et l'intellection humaines ne représentent jamais, ou du moins presque jamais,

tout ce qui se trouve dans leur objet, si restreint et si accessible pourtant qu'on le suppose. Sont-elles pour cela sans valeur ni solidité ? Nullement. Nos meilleures photographies sont loin de reproduire exactement *toutes* les qualités et perfections physiques des êtres dont elles sont l'image ; elles n'en représentent ni la substance, ni l'existence, ni l'activité ; et cependant elles nous sont de la plus grande utilité pour les connaître.

5. — Ne cherchons pas dans nos connaissances ce qui ne peut y être, et contentons-nous d'y chercher tout ce qui s'y trouve ; ainsi demeureront-elles *vraies, exactes, ressemblantes*, quoique imparfaites. Ne les accusons pas de nous pousser à l'erreur ou à la fausseté, puisque c'est notre imprudence, notre empressement, notre curiosité, qui nous font voir bien à tort, dans ces précieuses copies, des traits qui ne sont ni en elles ni en leurs originaux.

6. — Évidemment, si les *sens* ne sont pas en leur état normal, ou s'ils ne sont pas appliqués comme il le faudrait à l'objet qu'ils doivent représenter dans la conscience sensible, on ne manquera pas d'avoir des sensations confuses, obscures, troublées, inexactes. — Si mon *intelligence* travaille ensuite sur ces matériaux frelatés ou insuffisants ; si même sur d'excellentes données elle travaille négligemment ou légèrement, sans rectitude de méthode, sans dextérité ni persévérance, je n'aurai

qu'un savoir superficiel et vague. — Mais je puis mieux diriger mes organes sensoriels et mon esprit; je puis éviter en grande partie ce qui entrave leur fonctionnement; je puis m'abstenir de croire à leurs résultats, quand je les vois agir sous des influences morbides ou passionnelles; je puis les contrôler par leurs opérations antérieures ou subséquentes, par celles de mes devanciers ou de mes contemporains; je puis employer d'excellents moyens de les compléter et de les redresser, — instruments de physique par exemple, et livres de sciences ou de philosophie. De la sorte, je puis les rapprocher peu à peu de l'exactitude, de la vérité, du degré présentement possible de ressemblance et d'adéquation avec la réalité. Plus tard, ce degré pourra s'élever encore, par les études de nos successeurs et grâce au travail accumulé des années.

7. — Nos connaissances sensitives et intellectives se perfectionnant ainsi de plus en plus, elles achèveront de se constituer à *l'état scientifique*, — et de mériter ce grand nom de *science*, qui désigne ordinairement le *savoir intellectuel* parvenu à des sommets que les esprits vulgaires n'atteignent pas.

THÉORÈME XXIV.

L'échange des connaissances humaines, sensitives et intellectives, leur est extrêmement avantageux à toutes, moyennant quelques conditions d'indispensable prudence ; et si un être supérieur à l'homme, Dieu surtout, consent à nous communiquer une part de son propre savoir, nous pouvons et devons en retirer un profit scientifique certain.

1. — Ce que nous sentons et savons par nous-même est somme toute fort restreint Notre vie est si courte, si distraite, si oublieuse ; nos relations avec les êtres qui habitent la même terre que nous, mais à des distances très souvent énormes, sont si difficiles à établir et à cultiver ; les sensations et intellections qui ont pour objet nos propres opérations, notre propre nature, sont si fugitives et si malaisées à contrôler, — que, réduits à notre savoir personnel, nous serions d'une insigne pauvreté scientifique.

2. — L'échange de sentiments, d'impressions, d'observations, de remarques, de réflexions, de découvertes, y remédie dans des proportions heureusement toujours croissantes, grâce aux voyages, aux publications, aux associations, aux congrès de toute sorte, qui se multiplient, — surtout de notre temps, — avec une rapidité prodigieuse.

3. — *L'homme d'un seul livre* a pu être autrefois un penseur admirable et redoutable [1]. Sa force intellectuelle et sa vigueur de polémiste sont moins

---

1. *Timeo hominem unius libri*, disait un ancien proverbe.

grandes de nos jours, où il faut savoir de tout, sinon tout, — et où l'on peut effectivement arriver à une certaine universalité, si l'on veut, en dehors de quelque spécialité, se borner au sommet des choses et aux principes des sciences.

4. — Mais la *confiance* ou la *foi* au témoignage qu'autrui nous rend des sensations qu'il a éprouvées, des expériences qu'il a instituées, des événements historiques qu'il a observés, des résultats scientifiques auxquels il est parvenu, ne doivent s'accorder qu'à des témoins d'une *capacité* et d'une *probité* parfaitement établies. Rien d'antiscientifique, de déraisonnable, comme de *croire avec certitude*[1] à des assertions dépourvues de motifs de crédibilité décisifs, — ou d'admettre comme probables des opinions sans vraisemblance sérieuse. Nous ne pouvons être sûr de *représenter* en nous-même des réalités que nous n'avons ni senties ni sues par nous-même, si d'abord nous ne sommes pleinement assuré que le témoin dont nous accueillons les dires, représente certainement lui-même la réalité des choses dont il parle.

5. — A supposer, — et cette hypothèse entièrement plausible s'est réalisée dans l'histoire[2], — que

---

1. La certitude, en ce cas, n'est qu'apparente ; mais on croit et on prétend l'avoir.

2. Une apologétique savante et consciencieuse ne manque pas de montrer l'extrême convenance d'une révélation divine avec les besoins

Dieu daigne être pour nous ce témoin : les mêmes conditions préalables à notre assentiment devront être remplies. Ce n'est pas la sensibilité, le goût, l'attrait, le charme, l'instinct supérieur du mystère et du divin, qui pourront autoriser et justifier notre acte de foi et de confiance absolues en sa parole. Quand l'Eglise catholique réclame de nous cette confiance, cette foi, c'est après nous avoir proposé ou rappelé les motifs théoriques, historiques, juridiques, d'admettre que Dieu existe ; qu'il est infini en savoir et en véracité ; qu'il peut se communiquer à nous par voie de révélation, après l'avoir fait par voie de création ; qu'effectivement il a parlé aux hommes, et appuyé cette parole surnaturelle de faits également supranaturels et miraculeux ; qu'il soutient encore aujourd'hui, de sa puissance et de sa bonté évidentes, son œuvre révélatrice et rédemptrice ; que nous pouvons et devons donc *croire* en lui et *nous confier* en lui, sans aucune crainte de nous tromper avec lui ou d'être trompé par lui ; et finalement que nous recevons de lui, pour la direction de notre vie morale et religieuse, un incompa-

---

intellectuels et moraux du genre humain, — mais sans rien exagérer, et sans jamais substituer de simples possibilités aux réalités, historiques et pratiques, dont la force, aidée du secours d'en haut, peut seule déterminer un esprit raisonnable à un légitime acte de foi. Une apologétique adoptant un parti et un procédé différents, ne saurait donner, à la science et à la conscience, les suffisantes garanties qu'elles réclament.

parable secours et supplément de lumière, de connaissance, de science. — Celui qui, de par sa nature infinie, *représente* parfaitement en soi tout ce qu'il a créé, tout ce que sa créature a pu faire et a fait, nous admet ainsi, dans un plus haut degré, en participation de sa divine et universelle représentation. Par notre acte de foi en lui, nous augmentons donc d'une façon certaine, et dans une large mesure, ce que nous connaissons par nous-mêmes et par le témoignage des autres hommes. — Philosophiquement, scientifiquement, on ne saurait absolument rien trouver à redire à ce procédé, d'ordre transcendant et surnaturel assurément, mais fondé sur les exigences et les lois du bon sens naturel le plus simple, le plus rigoureux.

6. — Dieu sans doute, dans sa révélation, n'a pas entendu traiter d'objets purement physiques ou chimiques, mathématiques ou astronomiques. C'est dans l'œuvre de la *création* qu'il a déposé les germes, les principes, de notre savoir naturel touchant ces matières. Mais, à la science philosophique et morale, qui est le centre de tout ce savoir [1], sa *révélation* a procuré un développement et une clarté immenses, dont le bienfait s'étend à toutes les

---

1. Comprise comme elle doit l'être, c'est-à-dire fondée sur l'étude positive des faits, conduite avec logique et avec prudence, la philosophie n'est pas moins une *science* que les sciences modernes les plus estimées. Elle en est même la résultante et comme le fruit spontané.

directions dans lesquelles se meut l'esprit humain. Les travaux les plus abstraits, en apparence les plus indifférents à l'idée divine, trouvent en elle un surcroît fort appréciable de patience, de constance, de désintéressement, et conséquemment d'énergie intellectuelle [1].

THÉORÈME XXV.

La sensation, *qui atteint et représente* immédiatement *et* directement *son objet propre, peut ultérieurement réveiller dans le souvenir ou éveiller dans l'imagination, l'un et l'autre sensibles, des sensations d'*autres objets *avec lesquels le sien est en quelque manière connexe; l'*intellection, *qui perçoit intuitivement les réalités obvies et les vérités primordiales, a bien plus largement encore le pouvoir de passer d'elles à d'autres,* inductivement *ou* déductivement ; *mais quel que soit son procédé de connaissance et de représentation, qu'il soit ou ne soit pas complété par le témoignage d'une intelligence extérieure ou supérieure, l'*acte intellectif *et le concept, la pensée, l'idée, le savoir, la science enfin, qui en résultent, ont toujours ici-bas un double caractère* matériel *et* immatériel, *essentiel à la nature humaine elle-même.*

1. Travailler comme Kepler, Newton, Pasteur, en présence de Dieu et pour l'honneur de son nom, agrandit singulièrement l'esprit et en transfigure les pensées. C'est un fait d'expérience intime et constante.

1. — La *sensation*, aidée ou non des instruments physiques dont souvent elle se sert de nos jours, ne *raisonne* et ne *discourt* pas plus qu'un miroir en face de son objet. Elle met sans doute un temps scientifiquement appréciable à se produire dans l'organisme vivant ; mais, dès qu'elle s'est produite, elle est au bout de sa tâche ; elle ne s'applique pas à *déduire*, de l'objet représenté, un autre objet qu'elle sentirait comme le premier ; elle ne s'applique pas davantage à *induire* de celui-ci un objet plus élevé, plus vaste, plus sensible ; elle s'en tient à son objet propre et actuel ; elle le connaît *immédiatement*, *directement* et pour ainsi dire *intuitivement*[1] ; elle ne fait ni raisonnement, ni syllogisme, ni enthymème d'aucune sorte.

2. — Si donc la connaissance sensitive n'avait nulle *mémoire* du passé, nulle *prévision* de l'avenir, elle serait totalement dépourvue de la faculté d'*associer* des sensations à d'autres ; chacune serait isolée en elle-même ; la série de ces représentations sensibles serait sans continuité, comme une ligne seulement ponctuée[2]. — Mais notre connaissance

---

[1]. Intuitivement = *intuitive* = *intueri* = voir directement, immédiatement, sans aucun artifice ni instrument.

[2]. Il ne saurait être question de comparer ou d'associer deux sensations *simultanées ;* car la conscience sensible, sans laquelle il n'y a pas de sensation complète, formelle, ne peut faire simultanément deux actes différant d'objet.

sensitive *se souvient*, et elle *prévoit*[1]. Quand un *objet* se présente actuellement à elle, il peut, nous l'éprouvons à chaque instant, réveiller en elle le souvenir d'une sensation précédemment excitée par un objet associé en quelque façon à cet objet présent. — De même, quand elle produit de nouveau une *sensation* qui dans le passé fut associée en elle à quelque autre sensation, celle-ci peut lui revenir en mémoire. — De même encore, elle peut associer dans ses *rêves*, dans ses combinaisons ou constructions d'*imagination*, les objets précédemment sentis, les sensations précédemment formées sous ces impressions antérieures. — C'est probablement là un phénomène d'adaptation, d'habitude, de facilité acquise, comme il s'en rencontre fréquemment dans notre existence psychique et physiologique. Mais ce n'est pas là *raisonner, discourir, passer méthodiquement et logiquement* d'un objet connu à un objet inconnu ; ce n'est pas chercher ni découvrir le vrai ; ce n'est aucunement déduire ni induire : c'est tout simplement, et mécaniquement, subir le contre-coup de forces ou d'objets matériels enchaînés entre eux, et représentés comme tels par la série de nos sensations.

3. — La *connaissance intellective* est bien plus souple, plus autonome, plus abondante en résultats.

---

1. Comparer *théorème* XXI.

— Tout d'abord, sans doute, elle suit ordinairement la marche spontanée des sensations ; et de leurs données elle tire ses notions abstraites, ses vérités primordiales. Soumise aux conditions physiques et physiologiques de la connaissance sensible, elle la prend à l'origine comme elle se présente ; et l'enfant ne peut avoir aucune prétention à la diriger afin d'en recueillir des éléments de savoir, suivant un ordre logique ou méthodique. Nos premières notions rationnelles sont donc *intuitives ;* de même nos premiers jugements ; les unes et les autres se dégagent spontanément et comme nécessairement de nos représentations sensibles, au fur et à mesure que nous recevons celles-ci. — Mais quand nous avons ainsi acquis, presque au hasard, nos éléments de connaissance intellectuelle, nous pouvons constater qu'ils sont enchaînés entre eux par d'innombrables liens logiques ; que des plus étendus, il s'en *déduit* une foule d'autres plus restreints ; que des moins vastes, on peut en *induire* une multitude d'autres plus généraux. — Nous sommes capable d'inventer pour cela des procédés, des méthodes, de plus en plus sûrs et commodes ; de chercher des voies nouvelles, et de trouver des applications auparavant inconnues ; de provoquer des sensations, des expériences, des expérimentations, d'une fécondité toujours croissante. Le libre effort de l'observation, de la réflexion, de l'étude scientifique, laisse à une infinie distance derrière lui le rôle fortuit des sensations, et leur intervention purement mécanique au début de notre vie intellectuelle. L'esprit de l'enfant au berceau apprend fort peu en sentant, et celui de l'homme fait apprend très vite et très abondamment en pensant.

4. — Quelque sublime pourtant que soit la science acquise par le travail intellectuel, elle garde toujours le double caractère de ses origines. — Certes, elle est spirituelle, immatérielle, souvent représentative d'objets eux-mêmes immatériels et spirituels ; mais elle n'est jamais sans le vêtement matériel et concret des sensations, — soit de celles dont elle est primitivement sortie, soit de celles dont elle s'est ensuite revêtue pour plus de clarté ou d'élégance. J'ai vu une machine dont je ne sais pas le nom technique, mais dont j'ai compris le fonctionnement : je ne saurais plus y penser, si je n'en revoyais dans mon imagination la forme extérieure plus ou moins précise. On me dit ensuite comment on la nomme ; ou bien je lui impose moi-même une appellation, ne fût-ce que celle de machine A ou X : je pourrai désormais *penser* à elle en l'enveloppant de ce son verbal conservé dans ma mémoire sensible. Pascal enfant faisait de la géométrie sans savoir les noms scientifiques de *circonférence* et de *diamètre*, mais il employait ceux de *rond* et de *bâton ;* s'il eût été

sourd-muet, il se serait contenté de l'*image linéaire* d'un rond et d'un bâton.

5. — Voilà précisément l'explication du problème de l'*enseignement*, qui a longtemps tourmenté les anciens philosophes. — Le *maître*, ayant une science enveloppée de *sensations* qui peuvent se traduire par des sons, des gestes, des dessins physiques, les communique au disciple par sons, par gestes, par dessins ; le *disciple*, muni des sensations que le maître a voulu faire passer en lui, y voit à son tour, par sa propre raison, les pensées qu'elles contiennent, qu'elles revêtent, qu'elles signifient. L'image sensible, le langage surtout, soit articulé soit mimé, sont les moyens de communication, les « courroies de transmission », si je l'ose dire, du mouvement sensitif puis intellectif. — Le maître, fût-il Dieu, nous fait donc *naturellement* sentir avant que de savoir ; et les connaissances intellectuelles, voire même surnaturelles, qu'il éveille finalement en nous, gardent le manteau sensible sous lequel le moteur humain ou divin nous les a offertes : elles sont *esprit* et *matière* comme notre nature, comme notre personne tout entière. — *Miraculeusement* Dieu pourrait nous mettre parfois, dès ici-bas, presque dans l'état où nous serons après la mort, durant la période transitoire qu'on appelle l'*état d'âme séparée*, et qui finira par la résurrection supranaturelle du corps humain. En cette période,

l'absence d'organes corporels rend impossible en nous le revêtement de la pensée intellectuelle par les images sensibles ; et il en serait à peu près de même, sans doute, si dans une extase profonde Dieu nous faisait penser en dehors du mode habituel de la sensation. — La science absolument *suprasensible* qu'il nous donnerait, si tel était son bon plaisir, serait plus complètement encore abstraite de la matière, et ressemblerait de près à celle que la doctrine catholique reconnaît dans les bienheureux habitants du ciel [1].

THÉORÈME XXVI.

L'ensemble de nos sensations et de nos intellections n'est pas un songe, une hallucination, une construction de fantaisie, un système à priori, une pure représentation de formes subjectives n'ayant pas de réalité en dehors du moi sentant et raison-

---

1. L'extase, si profonde qu'elle soit, ne change pas la nature du composé humain : elle enchaîne seulement plus ou moins quelques-unes de ses facultés. De là vient que les visions *intellectuelles* des plus sublimes mystiques semblent bien garder toujours quelque chose de l'appareil *sensible* de nos méditations ordinaires. — On comprendrait mieux qu'elles n'en gardassent absolument rien, si Dieu, par miracle, voulait nous donner *tout infuse*, comme de toutes pièces, sans aucune participation active de notre esprit, une science absolument *suprasensible* et normalement réservée aux anges et aux élus. Une telle science serait tout à fait dégagée de la sensation et du sensible ; mais nous ne pourrions en user que miraculeusement et surhumainement.

nant; mais, en dépit d'illusions transitoires, accidentelles, qu'il est possible de constater et d'éviter, cet ensemble de connaissances sensitives et intellectives représente le plus ordinairement des êtres réels, des faits objectifs, *dont nous percevons l'évidence et dont nous avons la* certitude.

1. — La doctrine *matérialiste*, confusion grossière de la sensation avec l'intellection, du corporel avec le spirituel dans l'ordre cognoscitif, perd de plus en plus l'influence qu'à diverses époques elle était parvenue à exercer sur l'esprit public, — grâce surtout à ses apparences scientifiques, et plus encore peut-être, grâce à ses facilités pratiques. Sa fausseté résulte d'ailleurs des faits par lesquels nous avons précédemment établi qu'il y a *deux* formes entièrement distinctes de *représentation* vitale et consciente en nous, — la forme sensitive et la forme intellective, — et qu'il y a, dans notre composé lui-même, deux éléments spécifiquement différents, — le corps et l'esprit [1].

2. — La doctrine *subjectiviste, criticiste, kantiste*, est actuellement bien plus en faveur; et son danger est bien plus considérable, parce qu'elle prétend réduire à *l'incertitude théorique, philosophique*, toutes les réalités et tous les raisonnements sur lesquels on pourrait s'appuyer, soit pour attaquer l'erreur soit

---

1. Voir Ire *partie, chap.* II, *art.* 3.

pour défendre la vérité ; et comme la *certitude pratique, morale,* n'est rien que vaine si elle ne correspond à une certitude dogmatique inébranlable, la prétention kantiste de reconstruire par la *raison pratique* ce qu'on a d'abord détruit par la *raison spéculative* ou *raison pure,* est dépourvue de toute valeur sérieuse, de toute assurance vraiment tranquillisante. Ecarter de notre chemin le criticisme, le kantisme, forme moderne et raffinée du scepticisme et de l'idéalisme antiques, est donc pour nous un devoir, aisé du reste à remplir.

3. — Non, l'univers et notre personnalité, la connaissance sensitive et la connaissance intellective que nous en avons, ne sont pas un *rêve,* un *songe.* Nous savons très bien ce que c'est de rêver, de songer ; et nous avons la claire vue, la conscience évidente, que sentir ou comprendre dans l'état de veille et d'attention, c'est tout autre chose. Quand nous contrôlons les rêveries et les imaginations de notre sommeil, nous en découvrons nettement et facilement, non pas peut-être la cause et le mode de production, mais certainement l'incohérence et l'inconsistance. Et quand, à l'opposé, nous contrôlons nos sensations et nos intellections de veille, nous en constatons presque toujours l'exactitude, l'objectivité, la conformité avec la réalité interne ou externe ; nos erreurs mêmes sont des exceptions prouvant parfaitement la règle, puisque nous savons

les reconnaître, les réfuter, et souvent en prévenir le retour si nous le voulons.

4. — Non, le *moi*, et le *non-moi* dont il est de toute part environné et limité, ne sont pas de simples hallucinations de nos organes sensoriels, de notre imagination, de notre esprit. Nous savons fort bien par nos lectures, conversations et observations, ce que c'est d'être *halluciné*, de subir des impressions pathologiques confinant à la folie, si elles n'en procèdent pas absolument. Je ne dis pas que nous connaissions entièrement leurs origines, que nous puissions en décrire la genèse dans tous les cas ; mais je dis que nous savons comparer leur présence exceptionnelle dans la société qui nous entoure, avec leur absence ordinaire et normale dans l'ensemble du genre humain ; que nous voyons si personnellement nous avons été, par hasard, hallucinés ou non en telle et telle circonstance ; que nous reconnaissons avec certitude si maintenant nous sommes guéris de la fièvre, de la névrose, de la fatigue excessive, qui troublaient nos sens. Dès lors, moyennant ce contrôle, nous n'avons et ne pouvons plus avoir aucun doute que nous sentions, que nous comprenions, ce qu'il faut sentir et comprendre pour représenter fidèlement la réalité.

5. — Non, la série de nos actes sensitifs et intellectifs n'est pas une fantaisie indoue se déroulant dans le cerveau d'un bouddhiste enivré d'opium.

Car nous discernons très sûrement entre la composition d'un roman et le témoignage d'un historien, entre l'invention poétique d'un drame et l'exécution que nous faisons d'un plan concerté par nous même. S'il nous plaît d'écrire nos mémoires, nous savons repousser la tentation de nous faire une autre vie que celle dont nous avons l'exacte conscience ; et s'il nous arrive d'imaginer, pour amuser le public, des aventures où nous ne fûmes jamais, nous ne confondons pas ces fantaisies avec nos souvenirs. De quelle catégorie, — faits ou légendes, — sont les phénomènes représentés en nous par la sensation et par l'intellection, nous en jugeons le plus souvent avec une certitude absolue : ils sont vrais, ils sont réels, ils sont objectifs.

6. — Non, l'ensemble de tels phénomènes que nous avons nous-même éprouvés, ou que nous tenons de témoins vraiment capables et honnêtes, n'est pas un système élevé *a priori*. Nous ne saurions le confondre avec une série d'équations algébriques établies et enchaînées entre elles par notre raison seule, en dehors de toutes les mesures, de toutes les conditions, de toutes les relations concrètes qui nous sont fournies par l'expérience interne ou externe. Nous ne saurions admettre que l'histoire de notre existence soit aussi dépourvue de réalité que les fables d'Ésope ou de La Fontaine. Nous sommes absolument compétent pour faire le départ entre

ce qui se connaît *a posteriori* et ce qui s'invente *a priori*.

7. — Non, enfin, nos sensations et intellections ne représentent pas uniquement nos *états de conscience*, nos *formes subjectives*, nos *modes d'être, de sentir, de penser*. Parfois nous faisons des examens de conscience, des observations autobiographiques, des études de psychologie réfléchie ; et alors nous savons fort bien que ce n'est pas du monde externe, mais de *nous-même* qu'il s'agit. Pourquoi l'inverse ne serait-il pas vrai, et pourquoi me dénierait-on la faculté de représenter le *non-moi*, lorsque je suis sûr que c'est lui et non pas le *moi* que j'examine et que je connais ? Il serait surprenant que je fusse croyable dans un cas, et que je ne le fusse pas dans l'autre. Le *non-moi* m'est aussi clair et aussi certain que le moi, dans une foule de cas [1]. — Dira-t-on que ni l'un ni l'autre n'est admissible ; que peut-être le *moi* est un rêve comme le *non-moi ;* et que nos connaissances, ayant été parfois convaincues d'inexactitude ou même de fausseté, — n'ont plus jamais droit d'être tenues pour exactes et pour vraies ? — La négation de toute réalité tant matérielle que spirituelle simplifierait assurément les sciences, la

---

1. Très fréquemment, en effet, les sensations et les intellections que je possède relativement à *moi*, et qui sont absolument certaines pour *moi*, me représentent dans mes relations actives ou passives avec le *monde externe*, avec le *non-moi :* leur certitude comprend donc aussi bien le *non-moi* que le *moi*.

philosophie, en les supprimant radicalement elles-mêmes avec les discussions et polémiques relatives à leur valeur. Si vous n'existez pas, ni moi non plus, ni rien d'autre, que venez-vous me parler de scepticisme ou de certitude ? Mais vous n'osez pas me proposer ce parti héroïque ; et plus modestement vous m'objectez des erreurs et défaillances certaines de la sensation, de l'intellection : voilà donc des *faits* bien prouvés, des réalités indéniables, même selon vous, — car certes vous ne voudriez pas m'apporter de pures hypothèses, et vous entendez raisonner gravement, comme il convient de vous à moi. Vous êtes donc très sûr de quelque chose, en voulant me condamner à n'être sûr de rien[1].

8. — Moyennant les précautions de prudence et de ferme contrôle, dont nous avons dit la possibilité en matière de connaissance intellectuelle ou même sensible, notre raison aura souvent la *conscience* très nette, très sûre, de représenter le réel et le vrai objectifs. Cette *conscience* ne lui sera pas inspirée par quelque instinct aveugle, par quelque impression sentimentale, par quelqu'une de ces « raisons du cœur » dont parlait un jour Pascal, —

---

[1]. On doit le reconnaître, Descartes n'avait pas tort de dire : « Je pense, donc je suis. » Réduit à ses justes limites, cet axiome n'est pas sans valeur contre l'idéalisme et le kantisme : il affirme la réalité du *noumène* (= je suis) aussi bien que celle du *phénomène* (= je pense), et il énonce avec évidence le rapport (= donc) de l'un à l'autre.

mais par l'*évidente* fidélité de ses représentations sensibles ou intellectuelles. — Être *évident*, c'est se montrer au regard de l'esprit avec un tel éclat, que la négation ou le doute seraient absurdes et qu'ils renverseraient la base de toute intellection, de toute sensation [1]. — Se montrer à l'esprit avec de simples lueurs ne forçant pas son adhésion, ce n'est plus être *évident* mais seulement *vraisemblable*. — Même dans la *foi* divine ou humaine, les *motifs* de croire doivent être *évidents*, bien que l'*objet* de la croyance demeure *inévident*. Tout assentiment fondé sur l'*évidence*, soit de l'objet auquel on adhère, soit des motifs pour lesquels on adhère, est donc un assentiment *certain*, excluant tout doute réfléchi et volontaire. — L'assentiment fondé sur la seule *vraisemblance*, soit de l'objet soit des motifs de l'adhésion, est un assentiment plus ou moins *probable*, plus ou moins *justifiable*, mais non certain : il peut même être réellement *erroné*, et apparaître ensuite tel à l'esprit mieux informé. C'est le cas de tant d'*opinions* qui eurent d'abord leur probabilité, et la faveur du public [2] : — mais ce n'est assurément

---

1. Évidence = *evidentia* = (*e, videri*) = être vu à cause de la lumière qu'on renferme en soi et qu'on projette autour de soi. L'évidence proprement dite inclut donc toujours une *visibilité objective*.

2. La *certitude* est le fruit de l'évidence dans l'objet ou dans les motifs de l'adhésion ; c'est un fruit de force et de paix. — La *probabilité* n'est qu'une vraisemblance faisant *approuver*, en atten-

pas celui de la conviction où le genre humain tout entier demeure, et demeurera toujours, de son aptitude à connaître ce qu'il est et ce qui l'entoure. Il se sait exposé à faillir, mais pas en tout ; obligé à douter, mais pas de tout ; contraint d'ignorer, mais pas tout. Il discerne aisément entre l'aube des probabilités, entre le plein jour des certitudes, et entre les ténèbres de l'ignorance ou de l'erreur. Il ne se contente pas de *se croire* capable de science, parce qu'on le lui dit : il le *voit* de la façon la plus claire ; et il n'est pas menacé, quoi qu'on fasse, de tomber jamais dans le scepticisme ou le subjectivisme. Il abandonne ce fâcheux privilège à quelques esprits trop raffinés ou trop inquiets.

dant mieux, ce qui n'est ni évident ni certain. — L'*opinion*, si elle est prudente, est une vue approuvable, probable ; mais elle n'est jamais certaine, évidente, qu'en cessant d'être une *opinion* pour devenir une *vérité* réelle et reconnue telle.

ARTICLE IV.

L'Action Humaine Appétitive.

THEORÈME XXVII.

*L'action cognoscitive tend naturellement vers l'action appétitive, dont elle est le moyen et la préparation ; l'*appétition *humaine se présente elle-même sous deux formes essentiellement distinctes, car elle aime, et désire physiologiquement le bien sensible, ou spirituellement et inorganiquement le bien immatériel ; l'appétition organique est très fréquemment suppléée dans le corps de l'animal et de l'homme par la loi des mouvements dits* réflexes, *fréquemment aussi par celle de l'*instinct *; elle est toujours sujette à un déterminisme mécanique plus ou moins effectif, dans l'amour positif ou négatif du bien* matériel *utile et délectable ; mais l'influence de la* libre volonté spirituelle *peut et doit cependant se faire déjà respecter dans l'ordre des appétitions humaines* sensibles.

1. — L'action de connaissance sensitive ou intellective n'est pas sa propre fin ; ce n'est pas une action *pour soi*, comme disent les modernes ; elle tend vers des opérations ultérieures, sans lesquelles elle serait vaine, inféconde, inutile, souvent même destructive de la paix, du bonheur, de l'équilibre

moral et social nécessaire à l'ordre et à l'harmonie du genre humain [1]. — L'action vers laquelle tend immédiatement la connaissance, c'est l'amour du bien, le désir de le posséder, la recherche des moyens d'y atteindre : en un mot, c'est l'*appétition* organique et corporelle, ou inorganique et spirituelle [2]. — Par l'entremise de cette fonction, l'homme arrive à produire une multitude d'actions physiologiques ou morales qu'on pourrait désigner par la formule générale d'*actes d'exécution*, et dont nous allons compléter ce qu'il y a de vraiment utile pour nous à en dire [3].

2. — Les anciens philosophes, particulièrement ceux de l'école platonicienne, admirant l'attraction réciproque exercée par les éléments du monde même matériel, et leur tendance manifeste à la concentration, à l'unité, disaient que l'amour ou appétition du *bien* est la loi suprême du *cosmos*. Il est certain qu'il y a du vrai dans cette parole : et si

---

1. Il serait superflu de rappeler la phrase célèbre de Bossuet à propos de « la science qui ne se tourne pas à aimer ». Disons seulement qu'elle éclaire et qu'elle explique une formule récente, et fameuse déjà, sur « la banqueroute de la science ».

2. Appétition = *appetitio* = *(petere, ad)* = aller à, demander telle ou telle chose, désirer, aimer.

3. On nomme, en effet, *puissances exécutives, actes exécutifs*, toutes les énergies et toutes les opérations qui dépendent de la connaissance et de l'appétition comme de leurs causes motrices, soit dans l'ordre animal soit surtout dans l'ordre humain. Voir *théorèmes* XII, XVI, XVIII.

le monde spirituel est régi par la loi du bien, s'il est mû par la volonté de faire et de glorifier le bien, s'il est heureux par l'union de toutes les âmes, de tous les esprits, dans la participation du bien, — le monde même des corps a été créé en vue du bien, et il est gouverné par une sagesse, par une puissance, absolument identiques au bien infini et divin. — Rien donc d'étonnant à ce que la connaissance, la sensation, la science, doivent « se tourner à aimer », sous peine d'être stériles et finalement mauvaises [1].

3. — Sous la forme *positive* d'amour, de désir, de recherche, d'espérance, de jouissance, — et sous la forme *négative* de haine, de crainte, de fuite, de désespoir, de tourment, — l'appétition est toujours une action inspirée par le *bien* considéré en lui-même ou dans son contraire, le *mal*. — Le bien n'a d'autre définition que d'être *appétible, désirable;* — et le mal n'en a pas d'autre que d'être *haïssable, redoutable;* — ce qui n'est ni bien ni mal, l'*indifférent absolu*, ne provoque ni appétition ni répulsion, ni amour ni haine. — Le sujet qui aime *ne représente pas* en soi l'objet aimé, comme le sujet qui connaît représente en soi l'objet connu. Mais le sujet aimant *est attiré* par l'objet précédemment reconnu pour bon, appétible, aimable ; il y tend

---

[1]. Stériles et mauvaises comme l'arbre qui ne donne jamais de fruit, comme la machine qui ne produit jamais d'effet.

comme l'aiguille aimantée au centre magnétique. — Et la raison en est précisément que le bien renferme tel degré d'*être*, telle *perfection*, qui *convient* au sujet aimant ou à ses desseins : car ce qui augmente l'être de ce sujet, ce qui favorise du moins ses entreprises et ses œuvres, ne saurait lui être indifférent, comme s'il était incapable d'exciter son approbation, son appétition, son amour. — Si le *sujet* de cette impression, de cette motion excitée par la bonté de l'objet, paraissait d'abord inapte à l'aimer, à cause de son défaut de sensibilité ou d'intelligence, on ne devrait pas aussitôt nier l'influence du bien sur lui, et l'existence d'un amour allant de lui vers son objet : car, s'il ne peut de soi connaître, aimer, il a au-dessus de soi un auteur, un moteur, — surtout le premier et suprême moteur, — qui a connu, aimé, voulu, le bien auquel il le destinait comme un moyen à sa fin. Quand donc les platoniciens disaient que le monde même matériel obéit à l'amour du bien, ils ne prétendaient aucunement lui prêter une âme intelligente et un cœur aimant, mais uniquement affirmer que Dieu l'a créé, le conserve, le gouverne, par son amour infini du bien.

4. — Pour les êtres *organiques* capables de connaissance *sensible*, il ne faut pas hésiter à leur attribuer la *sensation du bien*, et par voie de conséquence l'*appétition sensible du bien*. Non pas, certes,

qu'ils aient la notion et qu'ils forment la définition du bien en général, du bien abstrait, du bien immatériel ; mais ils connaissent et ils aiment les biens individuels, concrets, matériels, proportionnés à leur vie et à leurs puissances matérielles. — Ils sentent la convenance de tel ou tel objet avec leur repos, avec leur nutrition, avec leur sécurité : et ils en désirent l'usage, la possession. Ils sentent l'opposition de tel ou tel autre objet avec leur tranquillité, leur subsistance, leur liberté : et ils en redoutent ou en repoussent l'approche et l'attaque. — Je ne dis pas qu'ils fassent continuellement de ces actes appétitifs, ni qu'ils les fassent tous au même degré de perfection, ni surtout qu'ils les fassent aussi bien que l'homme : mais je dis qu'à l'état normal tous les animaux sont capables d'en faire quelques-uns, en proportion de l'impression sensible qu'ils en reçoivent, et de leur degré plus ou moins élevé dans l'échelle des êtres. — Lorsque la *sensation* est plutôt obscure que nette et précise ; lorsqu'elle est à peine accompagnée ou même dépourvue de conscience sensible proprement dite ; lorsque surtout elle doit provoquer un acte très urgent et important d'appétition, — comme, par exemple, en présence d'un acte de respiration à faire, d'une chute à éviter, d'un coup à parer, — le créateur et premier moteur supplée, par la spontanéité et par le déterminisme rigoureux des mouvements physiologiques produits dans l'animal et dans l'homme, à ce qui leur manque en fait de temps, de connaissance, de conscience, d'appétition proprement dite. — Ainsi, d'abord, les *mouvements* dits *réflexes* surviennent très rapidement après l'excitation des nerfs cognoscitifs, sans que cette excitation doive toujours, au préalable, monter jusqu'au cerveau pour s'y transformer en désirs et en impulsions organiques ; l'excitation peut s'arrêter à quelque centre nerveux prochain, et y devenir immédiatement un acte réflexe, par une aveugle et inéluctable nécessité remplaçant l'autonomie du sujet. — Ainsi encore, après une sensation arrivée jusqu'au centre cérébral, suffisamment accompagnée de conscience physiologique, mais insuffisante à renseigner l'agent sur le caractère soit avantageux soit désavantageux de l'action à laquelle cette même sensation le sollicite, une sorte d'inspiration supérieure, un instinct naturel [1], supprimant à peu près toute initiative de l'agent, le détermine soudain à désirer ou haïr, à agir ou ne pas agir : — c'est le cas de l'animal qui choisit d'emblée, sans erreur, la nourriture et même le remède qui lui conviennent, — ou qui tremble devant ses ennemis et s'approche de ses amis dès le premier aspect, dès la première rencontre. — A défaut de ces motions

---

1. Voir ci-dessus, *p.* 91, *note.*

réflexes ou instinctives, le contrôle expérimental des sensations et des appétitions est le seul moyen, parfois long et difficile d'emploi, que l'agent physiologique ait pour s'orienter avec quelque succès dans la sphère où il doit vivre et agir.

5. — L'*autonomie* dont nous parlons ici n'est jamais celle de l'intelligence, de la volonté, de la *liberté*, dont nous parlerons plus loin. — De même que la *sensation*, même simplement sollicitée et seulement initiale, vague, confuse, est la conséquence *nécessitée*, fatalement et mécaniquement imposée à la puissance organique de connaître, par l'objet sensible et matériel qui la provoque et la met en mouvement, — ainsi l'*appétition physiologique*, même indécise et flottante, est le résultat inévitable et forcé de la sensation qui propose tel objet bon ou mauvais à la puissance organique d'aimer ou de haïr. — Les excitations subies par ces puissances ne sont pas toujours assez fortes pour qu'il s'ensuive une *sensation* ou une *appétition* complètes, formelles ; mais il s'ensuit toujours une vibration ou motion vitale plus ou moins énergique, soit de connaissance soit de désir. C'est une application spéciale de la loi générale en vertu de laquelle le moindre mouvement physique exerce toujours une action de pression ou de résistance, insuffisante ou suffisante d'ailleurs à produire un effet de translation dans l'espace. — Quand donc

on affirme qu'un déterminisme absolu préside à tous les actes *psychiques*[1], et qu'il n'y a nulle liberté dans les opérations *sensitives* de connaissance et d'appétition, l'on dit une chose exacte, — mais qu'il convient de limiter en ajoutant, comme nous le ferons bientôt [2], que la *libre volonté* immatérielle, inorganique, spirituelle, a un certain pouvoir préventif et modérateur sur ces phénomènes mécaniques, — et qu'elle y peut et doit faire respecter, dans une certaine mesure, son influence pour ainsi dire libératrice et affranchissante.

6. — Le *bien sensible*, capable de déterminer l'appétition physiologique par le moyen de la sensation, ne saurait jamais être de cette catégorie supérieure, transcendante, métaphysique quoique très réelle, que les philosophes appellent la catégorie du *bien honnête*, du *bien en soi et pour soi*, du *bien que le devoir fait respecter et pratiquer*, indépendamment de toute utilité ou délectation qu'on y puisse trouver [3]. Un tel *bien* est évidemment dégagé de toute

---

1. Suivant l'usage ancien, le mot grec *psuché* désigne en philosophie l'*âme qui informe un corps ;* les actes *psychiques* sont ceux qu'elle fait *comme telle*, et ils ne sont pas immatériels comme ceux qu'elle fait en tant qu'*esprit*.

2. *Pages* 231-234.

3. On démontre en métaphysique et en morale que le *bien* se présente à l'appétition humaine sous trois formes spécifiques et d'inégale valeur : au sommet de l'échelle du bien, l'*honnête* qu'on

matérialité : — car le *bien matériel* a toujours une action favorable ou délectable aux sens qui le perçoivent, qui le recherchent, — et par le fait même il ne s'élève pas à la catégorie de l'*honnête*. — On peut cependant admettre que divers animaux, et surtout notre nature physiologique, peuvent être sensibles au *beau physique, matériel*, à celui que la vue et l'ouïe perçoivent. Mais cette beauté qui *fait plaisir* aux sens est précisément distincte de l'*honnête* : c'est une forme sans doute épurée et raffinée du *délectable* dont nous allons parler, — mais rien de plus. — Capable d'aimer et de désirer le beau matériel, l'appétition sensible l'est aussi d'aimer et de désirer toutes les manifestations concrètes, matérielles, de l'*agréable* ou *délectable*, et même de l'*utile*. Qu'est-ce en effet que le *plaisir corporel*, la *délectation sensible*, sinon l'*état* soit actif soit passif d'une puissance physiologique en possession de sa perfection pareillement active ou passive? Et qu'est-ce que l'*utilité sensible, matérielle*, sinon le

---

doit aimer et rechercher avec désintéressement ; au-dessous, l'*utile* et le *délectable* dans lesquels le sujet aimant trouve nécessairement son intérêt, plus réel et plus rationnel dans l'utile, moins vrai et moins sérieux dans le délectable. — Le *délectable* qu'on trouve à connaître, et qui fournit le *plaisir* de l'esprit, de la science, de la vue et de l'ouïe, s'appelle le *beau* ; ainsi le beau est un *bien de connaissance*, un *bien d'ordre logique* si l'on veut ainsi parler. — Telle est la synthèse du *bien* et du *beau* très profondément élaborée par l'antique philosophie aristotélicienne.

rapport d'un moyen corporel quelconque avec un agent également corporel, qui peut s'en servir avantageusement dans ses opérations vitales internes ou externes? Or, un *état* et un *rapport* de ce genre sont évidemment connaissables par voie de sensation, et désirables par voie d'appétition physiologique. — En conséquence, il n'y a nulle raison de douter que les animaux, notamment l'animal raisonnable, soient aptes à aimer organiquement et à désirer sensitivement le bien utile, le bien délectable, si l'un et l'autre sont proportionnés à leurs puissances et accessibles à leurs sensations. Ces objets d'appétition organique sont assurément fort peu de chose, si on les compare aux objets d'appétition intellectuelle ou d'amour inorganique et spirituel : mais ils ne sont pas rien.

THÉORÈME XXVIII.

Pour aimer et chercher comme il convient le bien immatériel, *nous avons cette faculté très noble et très puissante qu'on appelle la* volonté, *l'appétit* rationnel ; *aidée, mais souvent contrariée aussi par l'appétit sensible, elle échappe très largement au déterminisme dont celui-ci subit la loi ; elle n'est pas libre sans doute de ne pas aimer le bien en général, l'existence en général, l'activité en général ; mais elle est pleinement libre à l'égard de tous les biens et maux particuliers ; même au milieu des passions les plus agitées, elle reste maîtresse de se décider comme elle l'entend ; et quand elle choisit, elle le fait sans contrainte et avec responsabilité.*

1. — L'existence du *bien immatériel*, qui équivaut à l'être immatériel soit créé soit incréé, est un fait que nous avons plus d'une fois constaté [1]. C'est un fait sans lequel notre vie morale serait presque tout entière inexplicable : — car elle est en grande partie comme tissue d'affections, de désirs, d'efforts, de jouissances ou de regrets, relatifs au bien en général et abstrait, au bien suprême et absolument intellectuel, au bien spirituel de notre âme inorganique, au bien *honnête* et suprasensible, au bien *utile* à nos puissances incorporelles, au bien *agréable et délectable* à notre raison, qui trouve un plaisir non pareil dans l'étude, dans la réflexion, dans la science, dans le culte de la vérité, de la beauté, de la bonté infinies. — Au *bien immatériel* répond, pour l'aimer et pour le désirer, pour le rechercher et pour en jouir, pour haïr et fuir le mal contraire, une *faculté immatérielle d'appétition* qu'on a coutume d'appeler *volonté*, après l'avoir autrefois plutôt nommée *appétit intellectuel* ou *rationnel* [2]. — De même que l'intellection se sert

---

1. Voir par exemple *p.* 115, *note.*

2. Le nom de *volonté* n'exclut point par lui-même l'appétition *organique*, et de fait il convient assez à celle-ci dans les animaux

de la sensation comme d'un moyen indispensable [1], n'allant jamais sans elle dans la vie présente, ainsi la *volition spirituelle* se sert de l'*appétit organique* comme d'un inséparable instrument, et ne va jamais non plus sans lui. Le bien immatériel qui la provoque se présente à elle sous des dehors sensibles, — et conséquemment touche par ces dehors l'organisme et l'appétit sensitif, en même temps qu'il l'émeut elle-même par son essence suprasensible. L'empreinte dualiste du composé humain se manifeste ici encore, et d'une façon évidente.

2. — Mais il y a une différence des plus considérables entre la motion exercée sur l'appétit sensible par les dehors matériels du bien, et la motion exercée sur la volonté intellectuelle par l'essence immatérielle du bien que la raison lui offre à aimer. — La motion organique est toujours accompagnée, nous l'avons dit [2], d'un déterminisme plus ou moins énergique, mais *nécessitant* à tel ou tel degré : si l'eau fraîche présentée en réalité ou en imagination à un homme altéré ne l'entraîne pas toujours à chercher à la boire, toujours elle lui imprime mécaniquement, inéluctablement, une impulsion phy-

---

supérieurs. C'est donc avec raison que l'ancienne philosophie parlait d'*appétition rationnelle* et d'*appétition sensible :* la confusion n'était plus à craindre.

1. Voir *théorème* XXV.
2. Au *théorème* précédent.

sique à le faire. — Mais notre *volonté* n'est pas atteinte, dans tous les cas, par l'action plus ou moins déterminante de l'objet qui lui est présenté. Parfois sans doute elle est fatalement entraînée vers lui et par lui, sans qu'elle puisse conserver son indifférence et sa liberté antérieures : mais souvent aussi elle reste indifférente et libre envers lui, — ne lui accordant spontanément que des velléités ou des demi-consentements, — ou même ne lui accordant absolument rien de son approbation, de son appétition, de sa dilection. Ces faits, de haute importance pratique, sont à considérer avec quelque détail.

3. — Qu'en face du bien *physique* notre organisme ne soit jamais indifférent s'il est en son état normal, personne n'en peut douter ; mais qu'en face du même bien physique notre volonté soit douée d'indifférence et de liberté, jusqu'à ce qu'il lui plaise à elle-même, dans son état normal, de se décider pour ou contre, beaucoup de personnes en doutent sans motifs valables. — Car ce n'est pas un motif valable de professer le matérialisme et de nier en conséquence toute liberté ; ce n'en est pas un de ne point consentir à faire l'expérience, si honorable pourtant, d'une résistance de l'esprit aux appétitions du corps ; ce n'en est pas un de toujours céder devant les sollicitations de celui-ci, et d'attribuer la même lâcheté aux hommes de conscience et de

courage qui déclarent ne pas vouloir capituler, et qui effectivement ne capitulent pas, Dieu aidant. — Quant à prétendre que la résistance aux sollicitations sensuelles n'est pas plus libre que la capitulation lâche devant elles, c'est d'abord d'une complète invraisemblance; c'est ensuite d'une opposition manifeste à la réalité que nous percevons en nous-même. Nos tendances les plus fortes, les plus faciles à suivre, les plus agréables surtout, sont incontestablement orientées vers les plaisirs sensibles ; et la prédominance de l'animalité sur la rationabilité est bien le terme auquel nous serions ordinairement poussés par nos plus vifs instincts. Agir selon la raison, selon le devoir, selon les principes et les lois de l'esprit, requiert de nous des abstentions et des opérations qui n'ont rien de charmant ni de ravissant pour ces mêmes instincts.

4. — La *liberté* de la volonté rationnelle est donc un fait, dont la certitude défie toutes les critiques et toutes les objections sceptiques. — Mais elle ne s'étend pas à tous les actes, même spirituels et immatériels, de la volonté. — Il est expérimentalement prouvé que nous ne sommes pas indifférents et libres à l'égard du *bien sans limites*, de la *félicité sans conditions*, de l'*existence* et de l'*action en général* sans lesquelles le *bien* et la *félicité en général* ne seraient pour nous que de vains mots. — A moins d'être dans un état anormal, l'homme ne saurait

se refuser à aimer *l'existence* sans laquelle *nul bonheur* n'est possible. En cela, il est déterminé, nécessité, par la nature même de sa volonté faite pour *le bien même*, et ne pouvant lui refuser son amour, — non plus que la raison ne peut refuser son adhésion aux vérités évidentes, — non plus que l'œil ne peut refuser de voir ce qui lui est présenté dans les conditions régulières de la vision physique.

5. — Relativement aux *biens particuliers*, — même au *bien divin*, qui dans notre situation actuelle nous fait l'impression d'un bien particulier, et non du bien sans limites qu'il est objectivement [1], — notre volonté reste toujours libre d'y donner son consentement, de le refuser, de le reprendre. Ils peuvent la solliciter vivement : ils ne peuvent pas la contraindre, l'entraîner, la déterminer mécaniquement. — Elle se détermine alors elle-même, par le libre exercice de cette force vitale et toute spontanée qu'elle constitue en nous, et qui nous rend capables d'aimer ce que nous voulons aimer de bien, de haïr ce que nous

---

1. Comme ici-bas nous ne connaissons pas Dieu *intuitivement*, mais *par analogie* avec les biens créés, qui tous sont des biens particuliers et incomplets, il nous apparaît lui-même comme tel, en dépit des corrections que notre raison fait subir au concept purement analogique que nous avons de lui. Nous sommes donc malheureusement libres en face de lui, capables de l'aimer et de mériter, ou de ne pas l'aimer et de démériter.

voulons haïr de mal, en fait de biens et de maux particuliers, soit réels soit apparents. — Il se peut assurément que nos facultés organiques et physiologiques de connaissance, d'appétition, d'exécution, s'émeuvent si fort sous l'impression des passions ou des plaisirs, sous l'influence de la maladie ou du sommeil, sous l'action des excitants ou des anesthésiants, que le fonctionnement de notre raison d'abord, puis de notre volonté, en soit gêné ou entravé, supprimé ou gravement troublé et comme affolé. — Alors la liberté, l'indépendance, n'existent plus ; mais la volonté, même alors, n'est pas subjuguée et déterminée malgré elle. Est-ce que le musicien perd son talent et joue de travers, par le seul fait que son instrument faussé, désharmonisé, lui fournit une affreuse cacophonie au lieu des accords qu'il en voulait tirer ? — Sans doute une sage et ferme volonté peut souvent, — par des moyens préventifs plutôt que répressifs, par la prudence, la réserve, la distraction, l'étude, les voyages, — obvier aux désordres passionnels et physiologiques dont elle doit déplorer la néfaste et démoralisante intervention. — Si elle le peut, et si elle ne le fait pas comme elle le devrait, elle tombe dans un état de perturbation ou d'inertie qui ressemble fort à une suppression complète. Mais, en de pareils cas encore, elle est vaincue parce qu'elle l'a librement voulu, parce qu'elle s'y est déterminée et implicitement condamnée soi-même, en cédant aux provocations du monde matériel, aux attraits de la passion, aux excitations de la sensualité. — A plus forte raison est-elle libre en face des tentations d'ordre intellectuel, — d'orgueil par exemple, de vaine gloire, de désobéissance, d'incrédulité ou de blasphème. Le trouble des nerfs et l'entraînement des sens n'ont généralement que peu de part à ce genre de luttes où la volonté conserve beaucoup mieux ses avantages, et où ses défaillances n'ont d'excuse, fort mauvaise assurément, que dans sa propre et coupable lâcheté[1].

6. — Si grande et si forte est notre liberté, que, même en présence de moyens absolument nécessaires à employer pour atteindre une fin nettement choisie et positivement cherchée par la volonté, celle-ci continue de se sentir et d'être réellement libre d'employer ou non ces moyens, au risque de tomber, si cela lui convient, dans l'absurdité de prétendre arriver au but sans suivre le chemin nécessaire. Nous voyons mainte fois ce phénomène étrange se produire autour de nous, sinon en nous. Ambitieux et avide, l'homme n'est pas toujours actif, laborieux, économe, ainsi qu'il devrait l'être

---

[1]. La tradition a donc justement observé que les défaillances les plus honteuses et les plus ridicules de la volonté ne sont pas toujours les plus coupables. *De soi*, le péché de l'esprit est plus grave que les péchés de la chair. Les circonstances et les conséquences changent seules cette proportion.

pour réussir et s'enrichir. Désireux de science ou de vertu, il n'est pas toujours studieux et austère comme il souhaiterait de l'être. Convaincu de la vérité et du caractère obligatoire du christianisme, il passe de longues années avant que d'y adhérer de fait. La contradiction la plus formelle entre ses pensées et ses actes n'est pas pour l'effrayer, quoique elle soit pour lui déplaire. — L'autonomie de la volonté est donc complète ; et Dieu même, qui aurait pu la créer toute fixée dans l'amour du bien, ne la *contraint* jamais à changer de décision. S'il l'y amène, et il le fait souvent, c'est par une sorte de diplomatie infiniment clairvoyante, infiniment habile, qui la conduit par des voies secrètes où, spontanément et librement, elle se laisse guider et pour ainsi dire porter par la grâce.

7. — Quand la volonté se détermine, elle se meut, par cet acte, à des actes subséquents[1]. Elle se commande à elle-même des efforts, des travaux, qui la mettront en possession du bien où elle tend. Elle en goûte l'honneur, l'utilité, le plaisir. — Et si ce n'est pas encore le bien définitif et suprême de l'autre vie, c'est un ensemble de biens subordonnés qui ne manqueront pas de l'y faire parvenir, si elle ne rompt pas définitivement la relation que par leur entremise elle doit garder avec Dieu.

1. Comparer *page* 217, *note* 3.

— Dans cette série d'opérations vertueuses qu'elle enchaîne les unes aux autres, elle intercale, à chaque moment, des actes qu'elle ne produit pas elle-même, mais qu'elle *commande* à l'intelligence, aux facultés organiques, à la vie sensitive et végétative, voire aux êtres inanimés qu'elle peut avoir à son service et dont elle est invitée par Dieu à faire profit. — Ainsi cette *libre volonté* associe à son œuvre, à son mérite, des choses qui de soi ne peuvent ni mériter ni démériter, — notamment les puissances motrices vouées à réaliser, soit en nous soit hors de nous, les mouvements matériels très souvent prescrits par nos déterminations immatérielles. — Que la volonté rencontre mainte fois de l'inertie, de la résistance, dans le domaine qui lui est soumis ; qu'elle-même ne fasse pas toujours un énergique usage de ses propres ressources ; qu'elle s'oriente vers des biens seulement apparents, qui en réalité sont des maux réprouvés par la morale et par la divine justice, — rien malheureusement n'est plus évident ; mais cela prouve uniquement que le créateur et premier moteur lui a fait une très large part d'indépendance et d'autonomie. — Si elle en abuse obstinément, elle s'attire de redoutables châtiments qui attesteront eux-mêmes, éternellement, combien réelle était sa liberté dans cette période d'épreuve plus ou moins longue qu'est notre existence terrestre.

ARTICLE V.

L'Action Angélique et Divine.

THÉORÈME XXIX.

Imitée d'infiniment loin par l'action des purs esprits, l'action divine, qui ontologiquement est Dieu même, se distingue en action interne, naturelle ou personnelle, et en action externe de création, de conservation, de perfectionnement ; la perfection qu'elle ajoute à la nature humaine créée par elle est de triple degré : naturelle *d'abord, puis* préternaturelle, *enfin* surnaturelle *; c'est à la catégorie préternaturelle que se rattache le* miracle, *dont le rôle est de la plus haute et de la plus évidente sagesse dans le plan divin ; les lois divines, soit physiques, soit morales, soit métaphysiques, sont le résumé de ce plan merveilleux.*

I. — *Philosophiquement*, nous savons peu de choses spéciales sur l'action des purs esprits, des *anges*, qui sont comme des intermédiaires entre le composé humain et l'être divin. Ce que la raison peut en dire, c'est que leur mode d'opération est analogue à celui de notre intelligence et de notre volonté, en défalquant soigneusement ce qui résulte de notre dualisme : — notamment d'abord l'intervention des sensations cognoscitives et appétitives dans nos opérations d'intelligence et de volonté, — ensuite la puissance que nous avons d'échanger par contact, avec le monde extérieur, des mouvements mécaniques et physico-chimiques. — Pour connaître les autres êtres immatériels ou matériels, l'ange a donc besoin de notions innées, comme Descartes en attribuait à l'homme. Pour agir sur eux, l'ange certainement ne peut user de contact matériel, mais seulement de cette force transcendante, quoique finie, dont nous avons précédemment parlé [1]. — *Théologiquement*, et grâce à la révélation, nous savons que le monde angélique est mêlé intimement au monde humain dans l'ordre surnaturel ; et que si les anges célestes sont pour nous des frères, des protecteurs, des gardiens, qu'une maternelle providence nous a gracieusement ménagés, les mauvais anges sont à notre égard des frères déshérités, envieux, ennemis, dont la même providence contient et refoule la colère afin qu'ils ne puissent nous nuire si nous ne le voulons pas. — L'action des *bons anges* sur le monde matériel et sur notre personne ne peut guère se démontrer philosophiquement, attendu qu'on peut toujours l'attribuer à Dieu même. Mais celle des *mauvais anges* est rationnellement démontrable, puisque

---

1. *Théorème* XIX.

jamais elle ne saurait être rapportée à Dieu [1], et qu'en certains cas, rares d'ailleurs, elle est manifestement supranaturelle, impossible à expliquer par les forces physico-chimiques ou physiologiques. — Le mode d'action des anges élus et des anges damnés est substantiellement le même, relativement au monde matériel : car les démons ne sont pas revêtus de corps, ainsi qu'on l'a parfois imaginé. Ce que l'on conçoit aisément, ce que la tradition chrétienne est unanime à attester, ce que les observations les plus sérieuses ont constaté, même de nos jours, c'est que l'action diabolique se produit le plus souvent au milieu du désordre physique, pathologique, intellectuel, moral, et qu'elle tend à développer davantage ce désordre. « Le diable pêche en eau trouble, » dit un juste proverbe. — Certains faits survenant au cours de phénomènes ou d'expériences de magnétisme animal, de somnambulisme, d'hypnotisme, d'occultisme, « d'eau trouble » en un mot, pourraient et quelquefois devraient s'attribuer à l'intervention de ce « sinistre pêcheur » qui en veut toujours aux âmes, lors même qu'il semble s'attaquer aux corps uniquement. — La *crédulité*, ici comme ailleurs, est antiscientifique, antithéologique et anticatho-

---

[1]. Elle a, en effet, des caractères d'imprudence, d'incohérence, d'immoralité, de désordre physique ou moral, qui excluent l'hypothèse favorable d'une origine providentielle et céleste.

lique : — mais l'*incrédulité* absolue, systématique, est antiphilosophique et antihistorique au premier chef.

2. — L'*action divine* considérée en soi, dans sa réalité propre, est nécessairement identique à la *nature divine :* autrement Dieu serait composé, et par conséquent fini. Cela n'empêche qu'on doive distinguer, — avec quelque base réelle en l'infinité même de Dieu, et surtout en notre manière de le concevoir, — diverses sortes d'opération divine, soit intérieure soit extérieure. — *Intérieurement*, sans aucun effet produit au dehors de son essence, Dieu *connaît* et *veut*, — d'un acte infiniment simple et parfaitement un avec sa *nature :* car cette nature ineffable inclut précisément la connaissance et la volonté, l'intellection et la volition, dans lesquelles il comprend et il aime toutes choses, de toute éternité, sans nulle succession ni mutation. — La philosophie suffit à découvrir cette première opération divine intérieure. La foi seule nous en révèle une autre, où ce n'est plus la nature divine *comme telle* qui connaît et qui veut, mais la nature divine *en tant que groupe de relations mutuelles :* car c'est elle, cette chose infinie, qui *comme Père* engendre son Verbe par voie de connaissance, qui *comme Fils* est engendrée par le Père, qui enfin *comme Esprit*, comme souffle d'amour, émane du Père et du Fils agissant comme unique principe d'opéra-

tion spiratrice. Sublime mystère, où l'être divin est *absolu* et *relatif* tout ensemble, — *absolu* en tant que *nature*, *relatif* en tant que *personnes* opposées et rapportées l'une à l'autre [1]. Cette seconde activité divine intérieure n'a pas de répercussion dans l'ordre naturel des êtres finis, et nous ne devons pas nous en occuper ici davantage [2]. — Mais *extérieurement*, et avec production d'effets hors de son essence, Dieu *crée, conserve, perfectionne*, suivant le plan qu'il a adopté, et suivant les lois qu'il a imposées à ses ouvrages. Disons brièvement ce qu'il importe le plus à la raison humaine d'en savoir.

3. — La *création* est la production totale d'une substance finie par l'être infini. Ce n'est pas seulement l'arrangement et l'agencement d'éléments substantiels préexistants, — ni la modification en mieux ou en pire d'une substance déjà créée, — ni une action physico-chimique quelconque : c'est une production *totale* sans matériaux ni instruments ; c'est l'ordre intimé à un possible de passer à l'existence ; c'est l'obéissance effective de ce

1. Voir *page 20, note.*

2. Observons seulement que dans l'ordre social humain, dans la famille, on a un exemple de ce double rôle de l'être, comme *absolu* et comme *relatif :* car physiquement la *nature* communiquée aux enfants par les parents n'est pas seulement une nature d'*homme*, elle est aussi une nature *filiale*, relative à une double nature *paternelle* et *maternelle*.

possible qui devient un être réel, actuel, substantiel. — Le *rien* n'est pas une matière première dont Dieu ferait quelque chose, — ni un agent qu'il emploierait au service de son pouvoir créateur. Dieu ne crée pas *avec rien;* et s'il crée *de rien*, cette formule doit se prendre purement au sens logique et chronologique, en tant que l'objet créé commence d'exister où il n'y avait *rien*[1]. — Le *possible*, qui n'est pas absolument *rien*[2], mais plutôt une puissance ou une potentialité d'être, a une certaine part dans sa création ; car, s'il n'était possible, il ne serait pas créable ; mais sa possibilité même vient de Dieu, repose sur Dieu, et n'est pas une cause d'abord indépendante de Dieu, puis associée à l'œuvre de Dieu : c'est une image ou idée conçue par Dieu, pour être ensuite réalisée ou actualisée par Dieu. — On s'est demandé si Dieu ne pourrait créer par délégué. Si la *délégation* consistait à communiquer au délégué le pouvoir divin, c'est-à-dire l'être divin lui-même, elle suffirait assurément à créer : mais l'hypothèse est absurde. Si la même *délégation* communiquait un pouvoir moindre que l'être divin, elle ne suffirait pas à faire franchir aux possibles l'abîme infini qui les sépare de l'existence[3]. — Quant à l'emploi

---

1. Voir *théorème* V.
2. Voir *page* 12.
3. Comparer *théorème* XVII.

d'un *instrument* dans la création, on trouvera bien difficile de l'admettre, si l'on observe que la cause instrumentale nous apparait toujours appliquée à un objet préexistant. Personnellement, nous n'arrivons pas à la concevoir d'autre façon ; et nous n'en voyons ni la convenance ni la possibilité dans une opération si sublime qui, du reste, l'a exclue formellement et forcément lorsqu'il s'est agi du premier des êtres créés en ce monde, de la matière ou de l'ange [1].

4. — La *conservation* est une action divine extérieure, indispensable pour que la créature puisse subsister : car la durée ou prolongation de l'existence est une chose absolument dépendante du suprême moteur comme toutes les autres; et si elle n'en dépendait pas, elle serait Dieu même. — La forme de sa dépendance est précisément d'être *conservée*, et *maintenue* dans sa réalité antérieurement produite par voie de création [2]. — Ce qui est vrai de la *substance* dont nous parlons principalement

---

[1]. C'est une question, parmi les théologiens, de savoir par où la création a commencé. L'opinion la plus probable est que ce fut par l'ange, ou du moins que l'être angélique n'est pas postérieur à l'origine de la matière, mais simultané.

[2]. Ceci ne signifie aucunement l'*immutabilité* des substances créées dont nous avons plus d'une fois, au contraire, affirmé la mobilité, la variabilité. (Voir, par exemple, *théorèmes* V, XI, XIII.) Ce que nous disons présentement, c'est que la substance, tant qu'elle dure, en reçoit la force et le bénéfice du pouvoir divin lui-même.

l'est plus encore, si faire se peut, de l'accident, de l'accessoire, du phénomène : sans conservation de leur *substratum*, s'ils sont naturels, — ou de leur *existence propre*, s'ils sont supranaturels [1], — ils ne sauraient ajouter un seul instant de durée à celui de leur production ; et, plus rapides que l'éclair, ils ne traverseraient la sphère de l'existence que pour retomber dans celle du néant, ou du moins de la pure possibilité. — On a eu tort de confondre la *conservation* avec une *création continuellement renouvelée :* on a été conduit à cette définition singulière par la répugnance du cartésianisme à reconnaître la permanence de l'être substantiel ; mais, combien cette répugnance est antiphilosophique, nous l'avons assez montré précédemment [2]. — Pour certaines catégories d'êtres et d'existences, la conservation divine s'est limitée elle-même : et à l'heure marquée, son effet cesse comme de plein droit, sans qu'un acte positif de destruction ait besoin d'intervenir : la chose qui n'est plus soutenue s'anéantit spontanément et totalement. — Il en est d'autres qui ne s'anéantiront jamais ainsi, parce que Dieu ne peut en vouloir la cessation : elles sont

---

1. Voir *page 16, note 3*. — Manifestement, tous les accidents ne sont pas capables, même supranaturellement, d'exister sans leur substance. Le *mouvement*, par exemple, n'est nullement séparable du *mobile*.

2. *Théorème* III.

QUESTIONS SPÉCIALES. 243

immortelles à cause de lui, infiniment plus qu'à cause de leur simplicité incorruptible. — Un ange ne peut périr par dissolution d'éléments, puisqu'il n'en a pas, mais il pourrait disparaître par suppression de la conservation divine. — Nous avons dit ailleurs pourquoi notre âme ne disparaîtra pas de la sorte [1].

5. — Le *perfectionnement* d'un être fini lui est toujours possible, tant que cet être est en mesure d'ajouter, à ce qu'il est déjà, un surcroît tiré des ressources et réserves que le créateur a mises dans sa nature ou dans son entourage. — Mais, pour cela, il faut aussi le *concours* divin qui est, à l'*action* des créatures, ce que la conservation divine est à leur durée. — Si quelque opération pouvait émaner de nous sans Dieu, elle serait elle-même Dieu, puisque rien n'est indépendant de Dieu s'il n'est Dieu. Or, la dépendance absolue d'un acte fini, relativement à Dieu, suppose le concours de Dieu à sa production tout entière, — c'est-à-dire, à la mise en mouvement de la puissance productrice, et à l'entretien de son énergie jusqu'au terme de son opération, — sans toutefois rien diminuer de l'autonomie, de la spontanéité, et surtout de la liberté que cette puissance peut avoir reçues du créateur. — Le concours divin n'est

---

1. Voir *pages* 105-107. — Évidemment l'ange n'est pas moins immortel que l'âme humaine ; il le serait davantage, si c'était possible.

pas seulement une condition *accessoire* du perfectionnement des êtres finis par leurs actes : il en est la condition la plus *essentielle;* et quand ces êtres s'augmentent et s'accroissent, Dieu même leur en fournit les indispensables éléments [1]. — Mais il les leur fournit en vertu d'une disposition générale de sa providence, qui vise *tous* leurs actes sans exclure, par un incessant et conséquemment injustifiable miracle [2], les défaillances et les irrégularités qui s'y peuvent glisser. Ne poussant jamais au désordre ni physique ni moral, mais respectant dans une sage mesure l'indépendance des causes secondes, la cause première n'est nullement responsable des abus qu'elles font de son concours, — non plus que les inventeurs humains ne répondent des crimes et des ruines qui peuvent dériver de leur sage et puissant génie, par la malice ou la maladresse d'autrui.

6. — Dieu ne perfectionne pas ses créatures d'une façon seulement *médiate*, en *concourant* à leur travail : il le fait *immédiatement* aussi, en ajoutant lui-même à leur être, sans qu'elles aient autre chose à faire que de recevoir ce supplément, dont elles

---

1. Comparer *pages* 137-139.

2. Des exceptions par trop nombreuses et pour ainsi dire incessantes à une loi, prouvent qu'elles ne sont pas sages, ou que la loi ne l'est pas. Des miracles presque continuels ne seraient donc pas dignes de Dieu, ou bien ils déshonoreraient sa législation ordinaire.

pourront ensuite tirer honneur, ou même dont elles devront tirer profit. — Cette divine libéralité se manifeste parfois dans l'ordre *naturel*, où il est évident qu'elle donne à certains sujets des qualités internes ou externes favorables aux individus, aux familles et aux nations, conformément aux plans de son éternelle sagesse dans le gouvernement du monde. — Sa libéralité est plus grande encore dans l'ordre *préternaturel*, quand elle donne à quelques agents, exceptionnellement choisis, des perfections et puissances appartenant normalement à une classe d'agents supérieurs. Assurément, son but n'est pas alors d'établir une confusion inutile, sinon nuisible, entre diverses catégories d'êtres; son but n'est pas d'opérer lui-même quelqu'une de ces évolutions que des savants modernes revendiquent vainement pour la nature matérielle. — Ce qu'il veut, c'est de rapprocher un sujet inférieur de ceux qui le dominent, afin de se montrer plus clairement, par cette action *extraordinaire*, *merveilleuse*, *miraculeuse*, le maître et le régisseur du *cosmos*, dont l'habituelle et grandiose régularité pourrait quelquefois faire oublier qu'il y a, au sommet de toutes choses, un créateur et premier moteur [1]. — Ce que Dieu veut encore dans ces cas exceptionnels, c'est de faciliter misé-

---

1. L'*extraordinaire* n'est un *miracle* que lorsque sa *transcendance* est constatée, reconnue, admirée, comme une intervention

ricordieusement la mise en train et le bon fonctionnement de son œuvre ; ce fut, par exemple, à l'origine du genre humain, de créer nos premiers parents en un âge adulte, en un degré de savoir et de vertu nécessaire à l'éducation de leur famille et à leur moralité propre ; ce fut encore, et de nos jours c'est fréquemment, en certains lieux, de soulager par des guérisons merveilleuses et subites, de grandes misères corporelles ou spirituelles que le cours régulier de sa providence ne soulagerait pas assez. — La libéralité divine atteint son plus haut point dans l'ordre *surnaturel*, où elle confère au genre humain, très généreusement et très libéralement, la *grâce* et la *gloire* qui successivement, — l'une dans la vie présente, l'autre dans la vie future, — lui confèrent une puissance et une dignité supérieures à celles que pourrait naturellement réclamer un être angélique ou superangélique quelconque, — soit déjà existant soit simplement possible. Mais cet ordre surnaturel, à la différence du naturel et du préternaturel[1], n'est

divine exceptionnelle. — Miracle = *miraculum* = *mirari* = être dans l'étonnement et l'admiration.

[1]. Naturel = *naturale* = ce qui est *dans* l'ordre de la nature. — Préternaturel = *(præter, naturam)* = ce qui est *au-delà* de la nature. — Surnaturel = *(super, naturam)* = ce qui est *au-dessus* de toute nature finie. — *Au-dessus* dit quelque chose de plus qu'*au-delà*, dans ce langage technique. — *Supranaturel* peut signifier tout à la fois le *préternaturel* et le *surnaturel*. — Le *miracle* doit être,

jamais qu'objet de foi ici-bas : il n'est pas proprement *miraculeux* ni *merveilleux*, parce que nos sens extérieurs ou intérieurs, notre conscience psychologique ou notre raison simplement philosophique, n'en perçoivent ni la réalité ni l'activité. La révélation seule nous les manifeste.

7. — Si l'on est attentif à cette théorie sommaire des *perfectionnements* naturels, préternaturels, surnaturels, que le concours divin apporte à l'être fini, à l'agent créé, l'on voit sans difficulté que l'action divine dans le monde, notamment l'action préternaturelle ou le miracle, n'est aucunement *contraire à l'œuvre créatrice* : elle n'en est pas du tout la destruction, mais le développement, la consolidation ou la reconstruction, par le même architecte et dans le même esprit de sagesse et de bonté infinies. — Faire du miracle une opération *contraire* à celles qui ont créé, organisé, conservé le monde, c'est penser ou parler inexactement. — Supposer que Dieu devra, à chaque miracle qu'il lui plaira de faire, défaire et refaire instantanément et prestigieusement l'équation du monde, — la défaire en supprimant la marche régulière du système cosmique tout entier, et la

pour mériter son nom, essentiellement sensible. Le *préternaturel* est généralement *miraculeux*, mais non le *surnaturel*, qui lui est cependant fort supérieur. — Le *préternaturel*, le *miracle*, sans épithète ni réserve, désignent un phénomène d'origine *divine*. Mais quelquefois aussi le préternaturel, le miracle, sont *diaboliques*. — Voir *p.* 249.

refaire en l'empêchant pour ainsi dire de crouler sous l'intrusion violente d'un élément et d'un mouvement nouveaux, — c'est se faire à soi-même une très fausse imagination du miracle. Le miracle divin, le miracle véritable, n'est pas plus désordonné ni perturbateur dans le monde, que l'intervention d'un auxiliaire, d'un chirurgien, d'un médecin, d'un avocat, d'un ouvrier, et de leurs connaissances, de leurs forces, de leurs ressources spirituelles et matérielles, dans le cours ordinaire de la vie individuelle ou sociale. Est-ce que leur concours exceptionnel, extérieur, librement demandé et librement accordé, fausse les cadres de la physiologie, de la biologie, de la sociologie? Le concours divin le plus miraculeux, le plus extraordinaire, les fausse bien moins encore, parce qu'il est plus savant, plus souple, plus délicat, et infiniment puissant. Le créateur de la matière en est resté le maître ; et pour la ramener à ses conditions normales d'intégrité ou d'activité, il n'a rien perdu ni du savoir ni du pouvoir qu'il avait en la créant et en l'organisant. La plasticité, la force reconstitutive, qu'il lui a maintenues en diverses familles végétales ou animales, qu'il lui a même conservées à certain degré dans l'homme, sont en mesure de lui obéir plus amplement encore et même miraculeusement, quand il le commande.

8. — Que Dieu puisse attribuer une part de sa miraculeuse puissance à des anges, à des hommes, à des objets sanctifiés par eux, rien ne s'y oppose vraiment, ni de son côté ni du leur ; et les miracles des anges ou des thaumaturges reviennent tout-à-fait aux siens. — Les effets prodigieux qui ne sont ni naturels ni divins se rapportent à des causes mauvaises, diaboliques, dont l'existence et l'activité ne sont point niables. Ils ne prennent pas le nom de *miracles* sans épithète ; et si on peut les appeler simplement *préternaturels* ou *supranaturels*, on fait mieux encore d'en préciser l'origine et d'en spécifier, par quelque épithète de réprobation, la fausseté, le danger, l'immoralité. — Une extrême prudence est du reste obligatoire en fait de prodiges, de miracles, *quels qu'ils soient*. Nous le savons[1], ils ne doivent être tenus pour *divins*, que sur preuves décisives et convaincantes ; ils ne peuvent être déclarés *diaboliques*, qu'après examen complet de leurs ressemblances et dissemblances avec les faits pathologiques d'apparence identique ou analogue ; ils ne sauraient être dits bons ou mauvais, sans discussion préalable de leur *moralité* ou de leur *immoralité* réelle ; ils ne sauraient enfin être admis comme *supranaturels*, sans une évidente démonstration de l'incapacité

---

1. Voir *théorème* XIV.

de la nature à produire de pareils phénomènes.

9. — La *création*, la *conservation* et le *perfectionnement* des êtres finis par l'être infini, sont une véritable et ontologique *législation* établie et promulguée par Dieu. — Il y a des *lois physiques* présidant aux mouvements et phénomènes d'ordre mécanique ou biologique; des lois *morales* et *juridiques* présidant aux libres actions individuelles ou sociales du genre humain : des lois *métaphysiques* et *logiques* présidant a l'induction ou à la déduction des vérités et des pensées. — Et ces lois sont *naturelles* et *nécessaires*, au moins dans l'hypothèse de la création du monde tel qu'il est essentiellement constitué. Dans un autre ensemble d'êtres, beaucoup d'entre elles pourraient différer de ce qu'elles sont ; mais certaines aussi, — les métaphysiques et morales principalement,— demeureraient ce qu'elles sont, et le *vrai* serait toujours exclusif du faux, le *bien* toujours opposé au mal, *Dieu* toujours *Dieu*. — Toutes ces lois sont conçues dans la pensée divine, formulées dans la création spirituelle et matérielle, reconnues et commentées dans la science humaine. — Notre liberté peut essayer d'y échapper par méconnaissance ou par désobéissance : mais elle ne réussit qu'à encourir les punitions qu'une révolte entraîne après soi. Le désordre et la ruine, les maladies et les accidents, châtient souvent la rébellion contre

les lois physiques ; le trouble et le bouleversement des âmes, des sociétés, suivent souvent la révolte contre les lois morales et juridiques ; l'erreur, le vice, la folie, sont les conséquences fréquentes de la violation des lois métaphysiques et logiques. — Cette revanche des lois naturelles contre leurs ennemis et leurs contempteurs actuels, — est un redoutable présage de leur future et implacable revanche contre l'obstination et l'impénitence finales des révoltés. — Quant à l'*obéissance* des justes aux lois naturelles, c'est pour eux une source assurée de biens matériels et spirituels, individuels et sociaux, temporels et même éternels. Un homme avisé ne devrait jamais les perdre de vue. — Toute cette législation est aussi la base, l'appui, la sanction, des lois et préceptes positifs d'ordre religieux et révélé, ou d'ordre purement civil et rationnel, qui précisent les moyens à employer pour éviter le mal et faire le bien. Sans les commandements de la nature, ni ceux de la grâce, ni ceux de l'Église ou de l'État, n'auraient théoriquement et pratiquement le pouvoir de nous régir. — Sous le rapport juridique et moral, l'action créatrice est donc, comme sous le rapport physique, métaphysique et logique, le point de départ et le support de tout ce qui se peut faire de bon, d'utile et de fécond dans le monde.

CONCLUSION.

CONCLUSION.

PAROLES DE LÉON XIII.

I.

Élu pape le 20 février 1878, Léon XIII se préoccupe, dès sa première encyclique [1], de la bonne et solide instruction des jeunes gens, « surtout quant à la *philosophie* dont dépend en grande partie le succès des *autres sciences*, et qui n'a point pour but le renversement de la révélation divine, mais bien au contraire la préparation des esprits à la foi et sa défense contre les attaques de ses adversaires, ainsi que nous le montrent les exemples et les écrits du grand évêque saint Augustin, puis de l'angélique docteur saint Thomas, et des autres maîtres de la sagesse chrétienne. »

1. *Inscrutabili*, 21 avril 1878.

II.

L'année suivante, paraît la fameuse instruction sur *l'étude de la philosophie de saint Thomas*[1]. Elle rappelle, d'une part, la haute importance de la *philosophie* pour les *autres sciences humaines* et pour la foi ; d'autre part, les déplorables résultats individuels et sociaux d'un mauvais enseignement philosophique. Elle retrace, en termes éloquents, l'histoire de la philosophie chrétienne. Elle en expose la haute utilité théologique et apologétique, à condition de respecter l'infinie et infaillible autorité de la révélation divine. Elle montre l'excellence des principes, de la méthode et des résultats de saint Thomas d'Aquin. Elle y compare les incertitudes, les divisions, les médiocres sinon mauvais effets de la philosophie moderne, « au détriment même des sciences. »

« Mais, poursuit Léon XIII, quand nous parlons ainsi, nous n'improuvons certes pas les hommes doctes et habiles qui emploient au service de la philosophie leurs talents, leur érudition et les richesses des récentes découvertes : car nous savons fort bien que les progrès de la *doctrine* l'exigent. Mais il faut se garder avec soin de se consacrer

---

[1]. Encyclique *Æterni Patris*, 4 août 1879.

exclusivement ou du moins principalement aux détails d'*ingénieuse érudition.* »

Ce n'est pas seulement pour le bien du clergé, mais pour le retour des rationalistes à la foi catholique et pour le rétablissement du droit familial et politique, que le pape demande la restauration de la philosophie de saint Thomas. « Enfin, dit-il, toutes les branches du savoir humain doivent en espérer grand accroissement et secours. La philosophie, en effet, est comme la sagesse régulatrice qui leur procure à toutes le droit raisonnement et la juste méthode qu'il leur faut ; elle est comme la source vitale où elles viennent toutes ensemble puiser l'esprit dont elles s'animent. Les faits, l'expérience la plus constante, établissent que les arts libéraux ont été surtout florissants quand l'honneur de la philosophie demeurait sauf, et son jugement sain ; mais qu'ils ont été négligés et sont presque tombés en oubli quand elle s'est mise à glisser dans les erreurs et à s'enliser dans les inepties.

» C'est pourquoi les *sciences physiques elles-mêmes* actuellement tenues en si haut prix et si particulièrement admirées pour leurs très nombreuses et très belles découvertes, au lieu d'avoir quoi que ce soit à craindre d'une restauration de l'ancienne philosophie, en tireront beaucoup de profit. *Pour les cultiver avec fruit et les faire progresser, ce n'est pas assez de considérer les faits et de contempler la nature.*

Mais, après avoir constaté les faits, il faut s'élever plus haut et s'employer habilement à reconnaître la nature des choses corporelles, à rechercher les lois auxquelles elles obéissent, à découvrir les principes d'où dérivent l'ordre et l'unité dans leur variété, et l'affinité mutuelle dans leur diversité. Or la philosophie scolastique, enseignée avec sagesse, apportera à ces investigations un puissant et admirable appoint de force, de lumière, de riches conséquences.

» A ce propos, il nous plaît d'observer aussi qu'on ne peut, sans extrême injustice, reprocher à cette même philosophie d'être opposée au progrès et au développement des sciences naturelles. Est-ce que les scolastiques, fidèles à la doctrine des saints Pères, n'ont pas couramment enseigné, en anthropologie, que l'intelligence humaine ne saurait connaître les choses incorporelles et immatérielles que par les choses sensibles ? Est-ce qu'ils n'ont pas spontanément déduit de là que rien n'est plus utile au philosophe que de scruter diligemment les secrets de la nature, et de s'appliquer longuement et amplement à l'étude des choses physiques ? Et c'est ce qu'ils ont fait : car saint Thomas, le bienheureux Albert-le-Grand, et les autres princes de l'École, ne se sont point tellement livrés aux contemplations philosophiques, qu'ils n'aient aussi réservé beaucoup d'attention à la connaissance des êtres naturels ; et il n'y a pas mal de leurs paroles et de leurs théories en cette matière, que les maîtres récents approuvent et proclament conformes à la vérité. De plus, à notre époque même, nombre de professeurs certainement distingués dans les sciences physiques attestent, publiquement et ouvertement, qu'entre les conclusions autorisées et certaines de la *physique moderne*, et les principes *philosophiques* de l'École, il n'y a véritablement pas de contradiction. »

Affirmant de nouveau « le plaisir et la gratitude avec lesquels il accueille tout ce qui a été dit de sage, tout ce qui a été trouvé ou imaginé d'utile par n'importe qui », le pape recommande vivement la restauration et la diffusion de la doctrine de saint Thomas, d'où il attend « le progrès de toutes les sciences ». Mais, « si les docteurs scolastiques ont agité des questions trop subtiles, donné des solutions peu réfléchies, soutenu des théories contredites par les découvertes certaines des âges suivants, manqué enfin de quelque manière aux lois de la prudence scientifique, nous n'avons nullement la pensée de les proposer en cela à l'imitation de nos contemporains. »

III.

A une délégation de savants catholiques, Léon XIII adresse, deux ans plus tard [1], de paternels encouragements qu'il conclut ainsi : « A l'exemple de saint Thomas d'Aquin lui-même, travaillez courageusement à l'étude des choses naturelles. Les ingénieuses découvertes et les audacieuses applications faites à leur sujet par nos contemporains, sont tout à fait dignes de notre admiration, et la postérité ne cessera jamais de les vanter et de les louer. Évitez toutefois, dans ce genre d'études, l'erreur de ceux qui emploient méchamment ces intéressantes nouveautés à saper les vérités religieuses ou philosophiques. Rendez plutôt grâce à la divine providence d'avoir réservé cette gloire et cette victoire aux savants de notre époque, et de leur avoir permis d'enrichir abondamment, par ces fruits de leur génie, le patrimoine déjà si utile que nous avions reçu de nos ancêtres. »

IV.

En plusieurs autres documents se retrouvent les mêmes vues, les mêmes directions, les mêmes espé-

---

[1]. Allocution *Pergratus*, 7 mars 1880.

rances pontificales. Passant de la spéculation à la pratique, Léon XIII ne manque pas une occasion d'appliquer la philosophie thomistique aux controverses et aux difficultés parmi lesquelles le XIXe siècle se débat. Implicitement ou explicitement, les actes du pape sont un commentaire presque perpétuel des écrits du docteur angélique. *L'Académie de saint Thomas* fondée au Vatican est invitée, par son Mécène sacré [1], « à nourrir et à développer la connaissance scientifique de toutes les choses que les hommes ont coutume d'étudier ». Et de fait, « la nécessité même prescrit aux savants, en notre âge plus que jamais, de seconder les plus hautes sciences dans la recherche et dans la découverte du vrai, et d'arracher jusqu'à la racine les erreurs implantées dans l'âme humaine.

» Fidèles donc à nos avertissements et encouragements, observez avec le plus grand soin quel est le mouvement quotidien des esprits dans le monde scientifique, quelles découvertes leur génie industrieux ne cesse de faire en chaque province de ce vaste domaine, quelles sont les principales attaques dirigées contre la vérité, et dans quel dessein et par quels moyens. Rien de plus utile à connaître pour résister aux ennemis et aux assaillants, sur leur

---

1. Lettre *Probe nostis*, 21 novembre 1880.

propre terrain et avec des armes analogues aux leurs. Sachez donc et retenez ce qui s'eśt publié de plus docte en chaque pays, et à chaque époque. »

V.

Au cardinal-archevêque de Malines, Léon XIII rappelle [1] l'antique fidélité de l'université de Louvain aux enseignements de saint Thomas ; et il lui demande l'établissement d'une chaire spéciale pour l'explication du docteur angélique. « Nous insistons fortement là-dessus, écrit-il, non seulement à cause de notre désir de procurer le salut de tous, mais principalement à cause des périls dont nous voyons la jeunesse belge menacée. Car cette licence effrénée de penser et d'écrire qui règne en Belgique a enfanté des prodiges d'opinions détestables ; et jusque dans les écoles publiques il ne manque pas de gens très audacieux qui s'efforcent d'éteindre l'esprit chrétien dans l'âme des adolescents, et d'y répandre les semences et les germes de l'impiété. Vous, qui voyez de près ces coupables entreprises des méchants, vous savez aussi combien de jeunes gens sont chaque jour trompés, surtout par les doctrines du naturalisme ou du matérialisme, et

---

1. Lettre *Instituto*, 25 décembre 1880.

entraînés à leur ruine morale. Pour résister aux auteurs de ces funestes opinions, il faut donc fournir, aux étudiants de Louvain, les armes d'une saine philosophie ; et aux pères de famille chrétiens, pour l'instruction de leurs enfants, une protection et une défense contre toutes les erreurs. Et cela est d'autant plus évidemment nécessaire que beaucoup d'étudiants de cette université peuvent plus tard arriver aux honneurs, aux charges publiques, même aux fonctions gouvernementales ; et que la philosophie chrétienne, profondément ancrée dans leur esprit, est la meilleure et la plus efficace garantie qu'on puisse attendre d'eux pour le salut du pays et pour le bien du peuple. »

VI.

Dans sa grande encyclique sur l'organisation chrétienne de la société et des nations [1], le pontife examine les rapports de l'enseignement public avec l'Église et il dit : « Prétendre qu'elle est mal disposée pour les doctrines adoptées par l'État moderne, et qu'elle répudie en bloc tout ce que le génie contemporain a enfanté, c'est une frivole et inexcusable calomnie. Elle répudie sans doute les opinions

---

1. *Immortale Dei*, 1er novembre 1885.

insensées ; elle réprouve les tendances criminelles à la sédition, et particulièrement cette disposition de tant d'esprits à s'éloigner de Dieu. Mais, tout ce qui est vrai procédant nécessairement de lui, l'Église reconnaît comme un vestige de l'intelligence divine en toute vérité obtenue par les recherches scientifiques. Et comme il n'y a point de vérités d'ordre visible qui démentent la foi aux doctrines divinement révélées; comme il y en a au contraire beaucoup qui la leur concilient; comme enfin toute découverte réelle peut nous porter à connaitre Dieu ou à le louer, l'Église éprouve toujours de la joie et de la satisfaction en présence des nouveaux progrès faits par les sciences ; et toujours elle favorisera et développera les connaissances même naturelles, avec le zèle qu'elle a coutume de montrer pour les autres branches du savoir. Dans les études scientifiques, si l'on arrive à des constatations nouvelles, l'Église n'y fait pas d'opposition ; si l'on cherche des moyens plus nombreux de rendre la vie honorable et commode, elle n'y répugne point ; ennemie déclarée de l'inertie et de la paresse, elle veut au contraire énergiquement que le génie humain porte abondamment des fruits par le travail et la civilisation ; elle donne des encouragements à toute sorte d'arts et d'ouvrages ; elle leur donne à tous une impulsion qui les dirige dans les voies de l'honneur et du salut, s'efforçant seulement d'empêcher que l'humanité n'emploie son intelligence et son industrie à s'égarer loin de Dieu et des biens célestes. »

VII.

Les congrès de savants catholiques plaisent au pape, comme il l'écrit à Mgr d'Hulst[1], surtout parce qu'on y voit que « les vérités proposées par Dieu à la foi et à l'espérance du genre humain sont toutes et chacune confirmées par les découvertes de notre raison naturelle ; et qu'entre ces deux catégories du savoir, non seulement il n'existe aucune contradiction, mais qu'il existe et doit nécessairement exister une complète et très parfaite concorde. Car on ne saurait en douter, et parfois même la philosophie païenne l'a bien reconnu, le monde entier célèbre la bonté, la puissance et la sagesse de Dieu. »

VIII.

La Bavière est assurément une des nations où la liberté de penser, principalement dans les

---

1. Lettre *Quod secundo*, 20 mars 1887.

universités, s'est déployée avec plus d'éclat. Or Léon XIII, écrivant aux évêques de ce pays [1], leur propose le patronage et la direction de saint Thomas d'Aquin. « Sa méthode, dit-il, est admirablement faite pour donner l'habitude de commenter, de philosopher, de disserter, d'une façon vigoureuse et victorieuse. Car il montre clairement comment les choses dépendent l'une de l'autre en série continue, comment elles sont connexes et cohérentes entre elles, comment elles se rattachent toutes à quelques principes supérieurs ; puis il élève l'esprit jusqu'à la contemplation de Dieu, cause efficiente, cause motrice et cause exemplaire de toutes choses, être suprême auquel toute la philosophie et toute l'humanité se doivent rapporter. C'est ainsi que vraiment saint Thomas a très brillamment exposé et très fortement défendu la science des choses tant divines qu'humaines, et de leurs causes essentielles. Sous l'influence de son enseignement, les erreurs des sectes anciennes se virent radicalement ruinées ; et les nouvelles, — nouvelles quant au nom et à l'apparence plutôt que quant à la réalité, — se trouvèrent écrasées dès qu'elles ôsèrent seulement dresser la tête. La preuve de cette double victoire a été fournie par plus d'un écrivain catholique.

---

1. Lettre *Officio sanctissimo*, 22 décembre 1887.

» Sans doute l'humaine raison veut pénétrer d'un libre regard dans les plus intimes et les plus secrets replis de la science, et elle ne peut ne pas le vouloir. Mais, en prenant le docteur d'Aquin pour guide et pour maître, elle le fait avec d'autant plus de facilité et de liberté qu'elle le fait en toute sécurité, sans nul péril de franchir les bornes de la vérité. Car peut-on bien appeler *liberté* cette manie de suivre et de répandre des opinions créées par la fantaisie et par la passion, cette licence détestable des idées, cette science mensongère et décevante qui déshonore l'esprit et le réduit en esclavage? »

IX.

Un des sujets le plus amplement et profondément traités dans les encycliques de Léon XIII est celui de la liberté[1]. La liberté d'enseigner y est assurément soumise à la condition d'enseigner la vérité, la seule vérité, naturelle ou surnaturelle. « Et parce que, dit le pape, la simple raison nous apprend que les vérités divinement révélées et les vérités naturelles ne peuvent réellement être opposées entre elles, mais que toute proposition contraire aux unes ou aux autres se trouve être nécessaire-

---

1. Voir surtout l'encyclique *Libertas*, 20 juin 1888.

ment et par le fait même une fausseté, le divin magistère de l'Église ne se garde pas seulement de blâmer le zèle pour l'étude et pour l'avancement des sciences, ou de retarder en quelque façon le progrès de la civilisation humaine : il lui prête, au contraire, un très lumineux concours, une très sûre sauvegarde. De là, grand profit pour l'exercice des libertés individuelles et publiques, suivant cette parole du Christ rédempteur : *Vous connaîtrez la vérité, et la vérité vous délivrera.* Pourquoi donc maintenant la vraie liberté s'indignerait-elle, pourquoi la vraie science se plaindrait-elle, des justes et indispensables lois que l'Église et la raison réclament d'un commun accord pour contenir les excès de l'enseignement humain ? N'est-ce pas aussi un fait entièrement notoire, que l'Église, — inspirée surtout par le désir de protéger la foi chrétienne, — n'a pas manqué de favoriser toute sorte de sciences humaines et qu'elle en a ardemment souhaité le développement? Car, de soi, l'élégance du savoir est bonne, louable, désirable ; et toute érudition produite par la saine raison, en conformité avec la vérité objective, n'est pas de médiocre utilité pour éclairer l'objet même de la foi divine.

» De fait, l'Église est une grande bienfaitrice des sciences : elle a conservé les monuments de l'antique sagesse ; elle a de tous côtés ouvert des asiles à l'enseignement ; elle a toujours provoqué l'essor du talent ; elle a mis la plus vive ardeur à faire fleurir ces mêmes arts dont aime à se glorifier la civilisation de notre époque. Enfin, n'omettons pas de le dire, elle reconnaît l'existence d'un domaine extrêmement vaste où l'habileté humaine peut librement se donner carrière, et les talents s'exercer tout à leur gré. C'est celui des choses qui ne sont pas nécessairement connexes à l'enseignement de la foi et de la morale chrétiennes ; ou sur lesquelles l'Église n'a pas voulu prononcer avec autorité, préférant les laisser à l'appréciation tout à fait libre des doctes. »

X.

A diverses reprises, on le pense bien, le pape Léon XIII recommande au clergé séculier ou régulier l'étude patiente, approfondie, de la saine philosophie et des sciences modernes. Mais, ce qui est bien plus remarquable, et capable peut-être d'étonner quelques esprits, c'est qu'en exposant « les principaux devoirs de la société chrétienne », il fasse de semblables recommandations aux laïques eux-mêmes [1]. Il leur rappelle comment, « la raison étant parvenue à découvrir, par ses recherches

---

1. Encyclique *Sapientiæ christianæ*, 10 janvier 1890.

scientifiques, quantité de choses cachées et enveloppées dans la nature, et à les employer ingénieusement pour l'avantage de l'existence humaine, certains en ont conçu tant d'orgueil qu'ils ont pensé pouvoir enfin bannir de la vie publique la divinité et les commandements divins. Trompés par cette erreur, ils transfèrent à la nature humaine la souveraineté déniée à Dieu ; ils se vantent de tirer de cette nature les principes et la règle de toute vérité; ils lui attribuent, comme à leur source unique, comme à leur fin dernière, tous les devoirs religieux. »

De cette philosophie rationaliste on voit aisément les applications et les conséquences. Elles remplissent l'histoire du XIXe siècle ; et si elles n'ont pas toujours nui directement à la science positive, dont la métaphysique n'a d'ailleurs pas pour but principal de favoriser le progrès, elles ont largement et très malheureusement contribué à la corruption des mœurs individuelles et sociales, sans lesquelles le savoir le plus brillant perd immensément de son prix.

Ayant résumé brièvement cette situation, le pontife ajoute : « Chacun doit donc se préoccuper avant tout de soi-même, et avoir tout à fait à cœur de conserver soigneusement la foi sincère de ses premières années, en évitant les dangers où elle tomberait, et en s'armant contre les nombreux et fallacieux sophismes de notre époque. Et pour sauvegarder cette vertu, nous croyons extrêmement utile et absolument conforme aux nécessités du temps, non seulement d'employer le talent et la facilité qu'on peut avoir à l'étude de la doctrine chrétienne, mais aussi de s'enrichir l'esprit *de la plus grande connaissance possible des choses qui environnent la religion et qui sont accessibles à la raison naturelle.* »

XI.

A l'occasion des travaux considérables entrepris par ses ordres à l'observatoire du Vatican, Léon XIII refait à larges traits l'histoire du rôle scientifique rempli par l'Église Romaine dans le monde [1]. Elle y a créé la vraie science divine et religieuse ; elle y a créé la saine philosophie « qui établit les principes suprêmes et les bases de toutes les sciences, ainsi que les bonnes règles pour la recherche du vrai, et la bonne méthode pour disserter justement et ingénieusement » ; elle y a créé enfin la morale des sociétés comme des individus, « de telle sorte qu'il est difficile d'ajouter aux travaux et aux leçons de ses docteurs quelque chose qui soit digne de passer

---

1. *Motu proprio* Ut mysticam, *14 mars 1891.*

à la postérité, difficile surtout de s'en écarter sans tomber en de réels dangers. » Elle a grandement perfectionné la science du droit, et immensément contribué à la création des sciences économiques et sociales. « En même temps, elle se gardait bien de négliger les études consacrées à la nature et à l'exploration de ses forces. Elle a fondé des écoles et enrichi des musées pour y aider de tout son pouvoir les jeunes gens ; et parmi ses fils, parmi ses prêtres, il y a eu des savants distingués, qu'elle a soutenus de ses libéralités, récompensés de ses honneurs, excités à cultiver très ardemment ces branches du savoir. »

XII.

Une des principales difficultés auxquelles s'est souvent heurtée la science moderne, dans ses tentatives de rapprochement sinon de réconciliation avec la foi chrétienne, c'est le sens donné à la Bible par des théologiens plus ou moins autorisés, plus ou moins éclairés. Ceux qui censurèrent Galilée étaient-ils d'authentiques interprètes de l'Église Romaine, en cette trop fameuse affaire ? Et leurs successeurs actuels seraient-ils approuvés par le Siège Apostolique, s'ils retombaient dans de si regrettables errements ? A cette double question, d'un grand intérêt certainement pour les savants contemporains, Léon XIII a répondu, comme à beaucoup d'autres, par une ample et magistrale encyclique *sur les études scripturaires* [1]. Après des notions préliminaires sur l'ordre surnaturel, la révélation et ses sources, la Bible et la théologie biblique, le docte pontife montre l'excellence des études scripturaires et en retrace l'histoire au sein du catholicisme. Ensuite il traite de la méthode à employer dans les travaux bibliques ; il rejette celle des exégètes et savants rationalistes ; il prescrit les règles à observer dans l'Église par les professeurs et les interprètes, surtout par les théologiens et les apologistes ; et c'est ici qu'il s'explique nettement sur les rapports de la Bible avec la science contemporaine.

« Il faut pourvoir, dit-il, à ce que les jeunes gens abordent les études bibliques bien instruits et munis des notions convenables, de peur qu'ils ne trompent de légitimes espoirs, et ce qui est pire, de peur qu'ils ne s'exposent imprudemment au danger d'errer, en se laissant prendre aux sophismes des rationalistes et à leur brillant apparat d'érudition. Or ils seront excellemment armés si, selon la méthode que nous avons nous-même tracée et

---

[1]. Encyclique *Providentissimus Deus*, 18 novembre 1893.

prescrite, ils ont religieusement suivi et sérieusement compris les cours de philosophie et de théologie thomistiques. »

Aux apologistes de la Bible, le pape recommande d'abord l'étude des langues orientales et de la critique, puis « la connaissance des choses de la nature ». A ce sujet, il fait de très importantes déclarations que personne aujourd'hui ne devrait ignorer dans les régions scientifiques. « Sans doute, écrit-il, aucune contradiction réelle ne pourrait exister entre le théologien et le professeur de sciences, si l'un et l'autre se renfermaient dans leurs limites ; et s'ils se gardaient, selon l'avertissement de saint Augustin, *de rien affirmer témérairement, et de donner l'inconnu pour le connu.* » — Ce grand docteur observe, en effet, « que l'Esprit divin qui parlait par les écrivains sacrés, *n'a point voulu enseigner aux hommes des faits n'ayant aucune utilité pour le salut, comme ceux qui regardent la constitution intime des choses visibles.* C'est pourquoi, ajoute Léon XIII, les auteurs bibliques, au lieu d'entreprendre directement l'exploration de la nature, décrivent et traitent parfois cet ordre de choses d'une certaine façon métaphorique, — ou comme on en parlait communément de leur temps, — et comme à présent encore, même parmi les hommes les plus savants, on parle de beaucoup de choses dans la conversation journalière. Et parce que le langage vulgaire exprime premièrement et proprement ce qui tombe sous les sens, ainsi l'Écriture sainte, suivant l'observation du docteur angélique, *a énoncé ce qui apparaît sensiblement,* — ou ce que Dieu lui-même, parlant à des hommes, a exprimé d'après l'usage humain, afin d'être compris par eux. »

Les Pères et les interprètes ont pu, « sous l'influence des opinions de leur époque, » se tromper « dans l'exégèse des textes où il est question de choses physiques » : donc, nulle obligation de les suivre alors. Dans les choses qui ne sont pas de nécessité de foi, *libre à chacun d'avoir son opinion.* Ne pas transformer les théories des philosophes en dogmes de foi ; et ne pas les nier non plus trop facilement, comme si elles étaient hérétiques. Renvoyer à la philosophie, pour en être réfutés, les faux systèmes que la science oppose à la droite raison. Suivre une méthode analogue pour l'histoire profane, dans ses rapports et ses apparentes ou réelles oppositions avec la Bible. Ne pas recourir, pour sortir des difficultés qu'offre celle-ci, à la fausse et d'ailleurs très inutile solution de ceux qui restreignent l'inspiration divine aux passages exclusivement religieux ou moraux.

Après avoir développé ces pensées et ces règles, Léon XIII prescrit « d'employer toutes les ressources des sciences les plus graves à la pleine et parfaite défense de la sainteté de la Bible : mais c'est une entreprise beaucoup trop grande, pour qu'on en puisse bonnement attendre le succès de la seule habileté des exégètes et des théologiens. Il faut souhaiter d'y voir aussi conspirer et collaborer ceux d'entre les catholiques dont le nom a conquis quelque autorité dans les sciences étrangères à la Bible. »

Le souverain pontife fait voir les avantages précieux de cette docte collaboration ; il y encourage les talents nombreux qui savent rester fidèles à leur croyance au milieu des recherches les plus hardies ; il loue les généreux Mécènes qui subventionnent les études scripturaires et les travaux connexes ; il indique les conditions nécessaires pour que la science, en gardant sa légitime autonomie, rende à la foi et à l'Église des services dont l'utilité, dont l'honneur surtout, ne sont pas tant pour qui les reçoit que pour qui les offre d'un cœur sincère. Du reste, « rien n'est plus propre à inspirer au peuple l'obéissance envers le vrai, que l'exemple des hommes éminents dans quelque science renommée, et professant très librement la foi. »

XIII.

L'université catholique de Louvain est un des champs d'expérience où s'est le mieux manifestée l'opportunité des conseils et des commandements de Léon XIII, depuis les débuts de son pontificat. Il le constatait avec joie, quelque temps après sa fameuse encyclique scripturaire ; et il écrivait au cardinal-primat de Belgique [1] : « Tout le monde peut certes voir quel honneur et quels fruits il y a, pour l'enseignement supérieur, à étudier avec exactitude et ampleur la philosophie chrétienne : elle n'est pas seulement l'active auxiliaire de la doctrine sacrée ; elle est comme la sage modératrice dont toutes les autres sciences, et les beaux-arts mêmes, reçoivent large protection, incorruptible droiture de jugement, prudence d'extrême utilité. Mais on n'est vraiment et pleinement philosophe qu'après avoir longtemps et assidûment suivi les leçons et la méthode des scolastiques. Nous l'avons dit et répété solennellement : les sciences seront d'autant mieux enseignées chez vous, qu'elles se modèleront davantage sur les exemples de saint Thomas d'Aquin. Chaque jour nous voyons avec bonheur cette parole se vérifier

---

1. Lettre *Susceptum*, 7 mars 1894.

plus abondamment, et les préjugés céder la place à la réalité des faits. »

Le pape félicite spécialement l'*Institut supérieur de philosophie thomistique*, d'avoir montré comment « la doctrine de saint Thomas d'Aquin étend sa forte influence jusqu'aux sciences physiques et naturelles d'une part, jusqu'aux études sociales d'autre part, leur assurant à toutes une méthode qui ne les conduise point aux nombreuses erreurs d'aujourd'hui, mais qui, au contraire, leur ouvre toutes les avenues du vrai. »

XIV.

A quelle philosophie nous faut-il décidément nous rallier en France ? Nous serait-il loisible d'emprunter à saint Thomas d'Aquin, si hautement et si fréquemment vanté par Léon XIII, l'*âme* seulement de sa métaphysique, de son anthropologie, de sa morale et de sa théologie naturelles ; le *sentiment* sublime qui lui inspirait tant de désintéressement et de courage, de patience et d'ardeur, dans l'étude et dans l'enseignement ; peut-être aussi le *cadre* et le *programme général* de ses travaux immenses : — mais en nous réservant d'y mettre une *doctrine* plus libre, des *pensées* plus modernes, par exemple un *kantisme* respectueux de la foi catholique et de l'autorité pontificale? Certains paraissent l'avoir cru. Mais le pape, dans un document de toute première importance à l'adresse du clergé français [1], s'en explique avec une absolue netteté. « Nous le disions dans notre encyclique *Æterni Patris*, et nous le disions en nous appuyant sur l'autorité de saint Paul : C'est par les vaines subtilités de la mauvaise philosophie, *per philosophiam et inanem fallaciam*, que l'esprit des fidèles se laisse le plus souvent tromper, et que la pureté de la foi se corrompt parmi les hommes. Nous ajoutions, et les événements accomplis depuis vingt ans ont bien tristement confirmé les réflexions et les appréhensions que nous exprimions alors : *Si l'on fait attention aux conditions critiques du temps où nous vivons, si l'on embrasse par la pensée l'état des affaires tant publiques que privées, on découvrira sans peine que la cause des maux qui nous oppriment, comme de ceux qui nous menacent, consiste en ceci, — que des opinions erronées sur toutes choses, divines et humaines, des écoles des philosophes se sont peu à peu glissées dans tous les rangs de la société, et sont arrivées à se faire accepter d'un grand nombre d'esprits.*

» Nous réprouvons de nouveau ces doctrines, qui

---

[1]. Encyclique *Depuis le jour*, 8 septembre 1899.

n'ont de la vraie philosophie que le nom, et qui, ébranlant la base même du savoir humain, conduisent logiquement au scepticisme universel et à l'irréligion. Ce nous est une profonde douleur d'apprendre que, depuis quelques années, des catholiques ont cru pouvoir se mettre à la remorque d'une philosophie qui, sous le spécieux prétexte d'affranchir la raison humaine de toute idée préconçue et de toute illusion, lui dénie le droit de rien affirmer au-delà de ses propres opérations, — sacrifiant ainsi, à un subjectivisme radical, toutes les certitudes que la métaphysique traditionnelle, consacrée par l'autorité des plus vigoureux esprits, donnait comme nécessaires et inébranlables fondements à la démonstration de l'existence de Dieu, de la spiritualité et de l'immortalité de l'âme, et de la réalité objective du monde extérieur. Il est profondément regrettable que ce scepticisme doctrinal, d'importation étrangère et d'origine protestante, ait pu être accueilli avec tant de faveur dans un pays justement célèbre par son amour pour la clarté des idées et pour celle du langage. »

Ce que Léon XIII écrit pour le clergé, en cette page très remarquable, convient assurément au monde laïque lui-même ; et s'il n'a généralement pas besoin d'être exhorté « à l'étude des sciences physiques et naturelles », dont le pape prescrit ensuite qu'on explique, — « avec mesure et dans de sages proportions, — les grands principes et les conclusions sommaires » aux élèves des Petits et des Grands Séminaires, ce monde laïque profiterait sûrement à étudier comme eux, « durant deux ans au moins, avec un soin assidu, la *philosophie rationnelle*, — laquelle, disait un savant bénédictin, l'honneur de son ordre et de la France, *est d'un si grand secours, non seulement pour apprendre à bien raisonner et à porter de justes jugements, mais pour mettre à même de défendre la foi orthodoxe contre les arguments captieux et souvent sophistiques des adversaires* [1]. »

XV.

On pense bien que les congrégations cardinalices qui aident le souverain pontife dans la direction doctrinale, et surtout dans le gouvernement pratique de l'Église, n'ont pas manqué de faire appliquer de toutes parts ses principes sur l'enseignement de la philosophie et des sciences. J'en rapporterai seulement deux exemples, qui touchent à la psychologie, à l'occultisme, à l'hypnotisme, — et qui ne peuvent manquer d'intéresser les philosophes et les savants contemporains.

Dans un premier document [2], on expose au Saint

---

1. Paroles de dom Mabillon.
2. *Saint-Office*, décret du 30 mars 1898.

Siège qu'un personnage anonyme, « sans vouloir faire aucun pacte avec le malin esprit, a coutume d'évoquer les âmes des défunts. Il procède ainsi : étant seul, sans autre préambule, il adresse une prière au chef de la milice céleste, lui demandant de vouloir bien lui accorder de parler avec l'esprit d'une personne déterminée ; il attend un peu, puis se tient prêt à écrire ; et bientôt il sent sa main se mouvoir, ce qui l'avertit de la présence de l'esprit ; il demande alors ce qu'il désire savoir, et sa main écrit la réponse à la question posée. Les réponses sont toutes en conformité avec la foi et l'enseignement de l'Église sur la vie future ; pour la plupart, elles se rapportent à l'état dans lequel se trouve l'âme d'un défunt, du besoin qu'elle peut avoir de suffrages, de l'abandon où la laisse l'ingratitude de ses proches, etc., etc. » — On demande donc si « la pratique ainsi exposée est licite ». Et la congrégation cardinalice ordonne, en assemblée générale, de répondre que « la pratique, telle qu'elle est exposée, n'est pas licite. » —

Dans un autre document [1], un docteur en médecine, anonyme lui aussi, interroge sur « la conduite à tenir dans les discussions qui ont lieu au sein d'une société de sciences médicales, relativement à l'usage de l'hypnotisme pour la guérison

---

1. *Saint-Office*, décret du 26 juillet 1899.

des enfants malades ; il y est question, non seulement d'expériences déjà faites, mais aussi de tentatives nouvelles à essayer, sans prendre souci qu'elles soient ou non explicables par les lois naturelles. »
— En assemblée générale, la congrégation cardinalice ordonne de répondre, « quant aux expériences déjà faites, qu'on peut se permettre de les réitérer, à condition qu'il n'y ait nul péril de superstition ni de scandale, et que, de plus, le consultant soit prêt à se soumettre aux ordres du Saint Siège, bien loin de s'arroger le rôle de théologien ; quant à de nouvelles expériences, s'il s'agit de faits qui certainement dépasseront les forces naturelles, on ne peut se les permettre ; que si l'on en doute seulement, on peut les tenir pour tolérées, après qu'on aura protesté ne vouloir aucunement participer à des faits préternaturels, et pourvu qu'il n'y ait aucun danger de scandale. »

FIN

TABLES.

TABLE ANALYTIQUE.

Accident : — sa notion philosophique, 15-17 ; — ses rapports avec la substance, *ibid.* ; — certains accidents peuvent supranaturellement subsister à part de la substance, 16 *n.* 3 ; — mais non pas tous, 242 *n.*

Acte : — ce que c'est quant à l'être, 12 ; — quant à l'opération, 126.

Action, Activité : — définition de ces choses, 126-127 ; — elles sont toujours productrices d'être, 127 ; — l'être ne se produit jamais sans elles, 128-129 ; — elles ne se confondent pas avec l'évolution, *ibid.* ; — en quel sens elles sont diminutives ou destructives d'être, 129-130 ; — l'action ne modifie en rien l'être divin, 131-132 ; — la force ou principe efficient de l'action, 133-134 ; — le sujet dans lequel l'action est faite, 135 ; — l'effet ou l'objet formel où elle tend, 135-136 ; — l'être nouveau qu'elle produit, 136-139 ; — classification des actions ou opérations, 140-149 ; — lois de l'action, 149-159 ; — l'action exclusivement matérielle, 162-163 ; — elle se produit par contact immédiat ou médiat, 164, 167 ; — l'action à distance paraît uniquement réservée à Dieu, 165-166 ; — l'action physico-chimique semble être surtout le fait de la forme substantielle, 168-170 ; — les corps sont actifs, d'une activité propre et non panthéistique, 168-169 ; — l'action physiologique et ses caractères externes, 173-175 ; — son essence intime, 175-176 ; — elle aide à comprendre l'action de Dieu et des esprits créés sur le monde matériel, 178-179 ; — l'action divine en tant qu'identique à son être absolu, à sa nature, 238 ; — en tant qu'à son être relatif, à sa personnalité, 238-239 ; —

actions de la nature divine purement intérieures, ou suivies d'effets extérieurs, 239 ; — la création, 239-240 ; — la conservation des créatures, 240-243 ; — concours que Dieu leur prête pour agir, 243-247 ; — législation universelle et multiple résultant des opérations divines, 250.

ACTUATION : — voir ACTE.

AGENT : — sa définition, 133 ; — ses rapports avec les autres sortes de causes, 134-137 ; — fini, il s'accroît en agissant, 149-150 ; — il agit en proportion de son être, 150-152 ; — l'indépendance dans l'être assure l'indépendance dans l'action, 152-156.

AME : — son rôle dans le mouvement vital, 40 ; — sa résidence dans les corps organiques, 70 ; — ce qu'est l'âme humaine, 98-99 ; — de quoi et en quelle manière elle est substance et *substratum*, 100 ; — elle est unique et immatérielle, avec une triple série de fonctions, 100-102 ; — égale dans tous les hommes, 105 ; — son immortalité et son éternelle destinée, 105-107 ; — son rôle dans l'ordre végétatif et animal, 179-180 ; — elle est sentante et surtout intelligente, 189-193 ; — comment elle connaît quand elle est séparée du corps, 206 ; — dans l'ordre supranaturel, 206-207.

ANATOMIE : — son importance dans la détermination des êtres organiques, 75.

ANGES : — leurs formes d'action, soit pour le bien soit pour le mal, 234-237.

ANIMAL : — notion philosophique, 65 ; — ses opérations propres, *ibid.* ; — animal ou végétal, *ibid.* ; — limites de sa connaissance, 88-89 ; — de ses progrès, 90 ; — de son appétition, 91-93 ; — de son pouvoir d'expression, 94 ; — s'il est essentiellement au-dessus de la plante, 181-182 ; — ses fonctions essentielles, 183 ; — encore sa connaissance et son appétition organiques, 183-184.

APOLOGÉTIQUE : — sa tâche exacte, 199 *n*.

APPÉTITION : — quel genre d'action c'est, 217 ; — son objet et sa classification, 218-219 ; — elle est organique dans l'animal, 219-220 ; — comment elle est suppléée par les mouvements réflexes ou par l'instinct, 221 ; — son déterminisme même dans l'homme, 222-223 ; — si elle peut atteindre le beau et l'utile après le délectable, 223-225 ; — dans l'homme il y a aussi une appétition immatérielle, la volonté, 226-227 ; — dans quelle mesure celle-ci est soumise au déterminisme, 227-230.

ATAVISME : — voir VIE.

ATOME : — sa place et son rôle probables dans l'ordre des êtres, 38, 56 ; — s'il est principe d'unité matérielle, 56 ; — s'il est actif ou passif, 57-58 ; — son importance pour la classification des corps inorganiques, 75.

ATTRACTION : — ne doit pas s'entendre d'une façon sentimentale, 167.

BIBLE : — l'étude des sciences est nécessaire à sa bonne interprétation, 272-273 ; — les écrivains inspirés n'ont pas été chargés de nous révéler des théories physiques, 274-275 ; — rôle des savants par rapport à ce livre sacré, 275-276.

BIEN : — il est la loi suprême du *cosmos*, 217 ; — ses divers modes d'action sur nos puissances appétitives, 218-234.

CAUSE : — ce que c'est, 134 ; — ses diverses espèces, *ibid.*

CELLULE : — sujet et organe de vie matérielle, 39-44 ; — cellules de diverses sortes, 69-70 ; — cellules-mères, 72-73 ; — ce qu'on peut tirer de là pour la classification des corps organiques, 76.

CERTITUDE : — ce que c'est, 214.

CHOSE EN SOI : — voir NOUMÈNE.

Classification : — comment elle se fait en philosophie pour les êtres organiques, 75-77.

Combinaison : — quel genre c'est d'opération chimique, 145.

Composé : — son unité dans le monde inorganique, 57 ; — dans le monde organique, 67-70 ; — le composé humain, 97 ; — ses deux éléments constitutifs, 97-98 ; — son unité substantielle, 100.

Composition : — n'est pas en Dieu, 22 ; — comment elle est dans les créatures, 23 et suivantes ; — spécialement dans l'homme, 24 ; — dans les substances purement corporelles, 25.

Concours divin : — voir Dieu, Être.

Connaissance : — ce que c'est, 185-186 ; — ses divers actes et ses différents degrés, 186-187 ; — sujet et objet, 188 ; — connaissance sensitive et connaissance intellective, 189-193 ; — leurs imperfections, 194-196 ; — ici-bas, notre connaissance intellectuelle est toujours accompagnée de sensations, 306 ; — ce qu'elle est après la mort ou dans l'ordre supranaturel, 206-207 ; — la science n'est pas nécessairement vouée au scepticisme, 209-215.

Conscience : — simplement physiologique dans l'homme et dans l'animal, 86-94 *passim* ; — conscience morale et religieuse dans l'homme seul, 92-93, 100 *n.* ; — la conscience au sens psychologique, 190 *n.* ; — états de conscience kantistes, 212 ; — certitudes de la conscience psychologique, 213.

Conservation : — ce que c'est relativement aux créatures, 240-243.

Contact : — voir Action.

Contingence : — définition de l'être contingent, 23.

Continu : — sa réalité physique, 55.

« CONTRIBUTION PHILOSOPHIQUE A L'ÉTUDE DES SCIENCES », (le présent ouvrage) : — son but, X-XIII ; — son plan, 3-5 ; — sa méthode, 13 ; — intervention pontificale et fréquente de Léon XIII dans un but analogue, XIII-XIV, 255-283.

CORPS : — inorganiques, ils n'ont aucune vie, 38, 44 ; — organiques, ils sont essentiellement vivants, 39-40, 67 et suiv. ; — voir UNITÉ.

COSMOS : — voir MONDE.

CRÉATION : — si elle est un mouvement, 34, 36 *n.* ; — quel genre c'est d'opération, 144 ; — elle fait franchir une distance infinie à l'objet créé, *ibid.* note ; — sa définition précise, 239 ; — explications ultérieures, 240.

CRÉDULITÉ : — ce que la saine philosophie en pense, 287.

DÉDUIRE : — ce que c'est, 202-203 ; — nos connaissances déductives, *ibid.* et 204.

DÉTERMINISME : — ses sources, 152-156 ; — voir aussi APPÉTITION.

DIEU : — ce qu'il est, et ce qu'il n'est pas, 12 ; — rien n'est accidentel en lui, 15 ; — en quel sens il est substance et nature, *ibid.* n. 2 ; — sa coopération dans les opérations finies, 137-138 ; — démonstration sommaire de son existence, 112-116 ; — le nier est plutôt idolâtrie qu'athéisme, 114, 116 ; — il ne se fait pas, mais il est nécessaire, éternel, substantiel, 116-118 ; — nier ceci est encore idolâtrie plutôt qu'athéisme, 119 ; — il est tout-puissant, absolument parfait, simple, immuable, infini, 119-120 ; — il est un, il est être, il est sans second, 120-121 ; — la liberté en Dieu et avec Dieu, 153-156 ; — la providence divine et ses sanctions, 157-159.

DISCOURIR : — ce que c'est en psychologie, 203.

DISTANCE : — voir ACTION, CRÉATION.

DOULEUR : — sa cause et sa valeur morale, 158-159.

DURÉE : — des êtres corporels, 29, 47 ; — des esprits finis, 30 ; — de l'esprit infini, 31 ; — ses rapports avec l'être, 31.

EFFET : — ce que c'est, 135-136 ; — son mode de production, 137-139.

EGLISE : — ses rapports avec la science moderne, 263 et suiv.

ENERGIE : — dans les corps, 28.

ERREUR : — comment il faut l'entendre, 194.

ESPACE : — notion véritable, 27 ; — il n'est pas réellement infini, 47.

ESPÈCE : — sa signification en philosophie, 77-78 ; — en psychologie et dans l'acte cognoscitif, 188 ; — espèces impresses ou expresses, *ibid.* n.

ESPRIT : — signification étymologique, 95 ; — purs esprits ou anges, 108-110 ; — distinction entre les bons et les mauvais anges, 110-111 ; — l'esprit infini, *voir* DIEU.

ESSENCE : — sa notion philosophique, 19 ; — théologique, 20 *n.*

ÉTENDUE : — comme il faut l'entendre, 27 ; — c'est une manifestation de la quantité, 47, 55.

ÉTERNITÉ : — sa vraie notion philosophique, 31.

ÊTRE : — ce que c'est, 10 ; — sa classification, 10-14 ; — être subjectif, 10 ; — être objectif, 11 ; — être de raison, 10 ; — être abstrait, *ibid.;* — être commun ou transcendantal, *ibid.;* — être possible ou en puissance, 11 ; — être existant ou en acte, 12 ; — être infini, 12, 21 ; — l'être ne se produit jamais sans action, 128 ; — la somme d'être actualisé n'est pas constante, 130-131 ; — l'être divin, 132 ; — comment il concourt à la production des actions finies, 137-138.

ÉVIDENCE : — de quelle manière il faut l'entendre, 214.

ÉVITERNITÉ : — ce que c'est, 30.

ÉVOLUTION : — le problème en est autrement traité par la philosophie et par la science, 79-81 ; — raison d'être de l'évolution et ses limites, 82-84.

EXÉCUTIF : — définition des puissances et des actes ainsi nommés, 217.

EXISTENCE : — ce que c'est, 11-12 ; — son rapport avec la possibilité, 24.

EXPRESSE : — voir ESPÈCE.

FAUSSETÉ : — sa propre notion, 194.

FIGURE : — ce que c'est, 27 ; — son importance philosophique, 75-76.

FINI : — ce que c'est, 22.

FOI : — son utilité, même dans l'ordre naturel et scientifique, 197 ; — conditions à exiger d'elle, 198 ; — la foi divine et catholique, 199 ; — son objet propre, 200 ; — ses motifs doivent être évidents, 214 ; — mais non son objet, *ibidem*.

FORME : — ce que c'est en philosophie, 26-27 ; — théorie de la forme substantielle ou accidentelle, *ibid.;* — si la forme substantielle est inétendue ou non dans les corps inorganiques, 58-59 ; — sa production et sa destruction, 60.

GÉNÉRATION : — elle est simplement organique ou bien humaine, 144.

GENRE : — comment on l'entend en philosophie, 77-78.

GLOIRE, GRACE : — idée sommaire de ces dons surnaturels, 246-247.

HÉRÉDITÉ : — voir VIE.

HOMME : — c'est d'abord un végétal et animal supérieur, 85-86 ; — il a un être spécial et spécifique, 86-87 ; — démonstration de sa vie supraorganique et suprasensitive, par ses connaissances abstraites, universelles, 87-88 ; — par son idéal, ses progrès, sa critique, 89-90 ; — par ses appétitions ou volitions, 91 ; — par ses luttes contre soi-même, 92 ; — par les lois morales qu'il porte ou qu'il exécute, 93 ; — par son pouvoir tout spécial d'expression, 94-95 ; — il est donc esprit, intelligence, raison, 95.

HYPNOTISME : — son emploi thérapeutique à l'égard des enfants, en partie improuvé et en partie toléré par le Saint Siège, 282-283.

HYPOSTASE : — signification théologique, 20 *n.* ; — simplement philosophique, 21, 32.

IGNORANCE : — ce que c'est, 194.

IMMANENT : — signification de ce mot, 146.

IMPRESSE : — voir ESPÈCE.

INCRÉDULITÉ : — ce qu'en pense la saine philosophie, 238.

INDÉFINI : — ce qu'on entend par ce mot, 22.

INDUIRE : — ce que c'est, 202-203 ; — nos connaissances inductives, *ibid.* et 204.

INFINI : — sa notion vraie, 22.

INORGANIQUE : — ne peut jamais devenir organique par développement, 49-51.

INSTINCT : — ce que c'est au sens primitif, 91 *n.* ; — au sens actuel, *ibid.* et 93.

INTUITIF : — définition de ce mot, 202 ; — nos connaissances intuitives, *ibid.* et 204.

KANTISME : — danger de sa psychologie, 200-209 ; — sommaire d'une réfutation de cette théorie, 209-215 ; — déploré et réprouvé par Léon XIII, 278-281.

LÉON XIII : — sa haute influence philosophique, IX, XIV ; — son enseignement pontifical relatif à la philosophie et aux sciences, 255-283.

LIBERTÉ : — d'où elle procède et d'où elle est exclue, 152 et suiv. ; — liberté dans l'être et liberté dans l'action, 153 ; — elle n'est pas supprimée par le concours divin, 156 ; — vaines objections contre la liberté de notre volonté, 228-229 ; — ses limites, 229-231 ; — ses victoires et ses défaillances, 232-234 ; — ne pas la confondre avec la licence, 267 et suivantes.

LOIS : — leurs diverses catégories, 250 ; — leur nécessité ou leur contingence, *ibidem.;* — elles sont toutes fondées dans l'être divin, et toutes sanctionnées par lui, 254.

MAL : — connu à la façon d'un être objectif, 10.

MATÉRIALISME : — sa fausseté relativement à la connaissance, 208.

MATIÈRE : — ce que c'est par opposition à la forme, 26 ; — théorie de la matière première ou seconde, *ibid.;* — ce qu'est la matière au sens de corps inorganique ou organique, 44, 61 ; — elle n'est pas nécessaire, et non plus éternelle, 44-45 ; — aurait peut-être pu être créée de toute éternité, 45 *n.;* — obscurités sur son origine et son avenir, 45-46 ; — sa durée et son étendue sont finies, 47 ; — la matière inorganique ne peut jamais, de soi, devenir organique, ni sentir et penser, 49-52 ; — la matière même simplement corporelle est une substance, 53-54 ; — en quoi consiste son unité, 56-59 ; — existence de la matière organique, 61-62 ; — ses trois espèces générales, 62 ; — ses rapports avec la matière inorganique, 62-63 ; — son origine et son avenir, 64 ; — ses opérations et fonctions en général, 64-66.

MÉLANGE : — son unité au point de vue philosophique, 58.

MÉMOIRE : — sensitive ou intellective, 202-203.

MÉTAPHYSIQUE : — signification de ce mot, 96 *n*.

MIRACLE : — comment il se prouve, 111 ; — notion qu'il en faut avoir, 245-247 ; — erreurs et difficultés, 247-248 ; — puissance miraculeuse communiquée par Dieu à d'autres êtres, 249 ; — prudence à garder en toute cette matière, *ibidem*.

MIXTE : — problème de son unité substantielle, 57.

MOBILE : — ce que c'est, 35.

MOI : — sa distinction certaine d'avec le non-moi, 212.

MOINS : — le moins ne peut, de soi, donner le plus, 50.

MOLÉCULE : — sa place et son rôle dans l'ordre des êtres, 38, 44 ; — si elle est principe d'unité matérielle, 56 ; — sa grande importance pour la classification des corps inorganiques, 75.

MONDE : — n'est pas tout entier doué de vie, 48 ; — surtout il n'est pas Dieu ni le corps de Dieu, *ibidem* ; — il tend plutôt, physiquement parlant, à la dégradation matérielle qu'à l'évolution indéfinie, 171-172.

MORPHOLOGIE : — son importance au point de vue philosophique, 75-76 ; — elle est essentielle ou accidentelle, 80 *n*.

MOTEUR : — indispensable élément du mouvement, 35 ; — Dieu, premier et universel moteur, 34 ; — mais moteur immobile, 37, 40 ; — démonstration de l'existence et de l'action de ce premier moteur, 112-116 ; — il est le suprême auteur de tout mouvement, 118-121.

Mouvement : — définition générale, 34 ; — mouvement local, *ibid.*; — analyse philosophique du mouvement en général, 35-36 ; — mouvement spontané ou vital, 37-41.

Nature : — signification de ce mot en philosophie, 19 ; — en théologie, 20 *n.*

Naturel : — production substantielle ou accidentelle de l'être naturel, 145 ; — comment Dieu le perfectionne, 245-246.

Néant : — connu à la façon d'un être objectif, 10.

Nécessité : — dans l'être, 23 ; — dans l'opération, 152-156.

Nombre : — différence entre un nombre prétendu infini et un nombre incalculable, 45 *n.*

Non-être : — voir Néant.

Non-moi : — sa distinction certaine d'avec le moi, 212.

Noumène : — ce que c'est en philosophie kantiste, 20 *n.*

Nutrition : — son rôle dans la vie physiologique, 177, *n.* 2.

Objectivité : — de l'être, 10-12 ; — de la connaissance, 13.

Occultisme : — une de ses pratiques improuvée par le Saint Siège, 282.

Opinion : — ce que c'est, 214-215.

Organique : — l'être organique n'est pas le produit spontané de l'inorganique, 49-52.

Parents : — relativement à la production de l'âme et du corps des enfants, 103, 144.

Personne : — en Dieu, 20 *n.*; — dans les créatures, 22, 32.

PHÉNOMÈNE : — dans le kantisme, 20 *n*.

PHILOSOPHIE : — sa nature, 3 ; — sa division, 4 ; — ses rapports avec la science, dans le passé, VII ; — dans le présent, VIII ; — analogie de leurs programmes, 4-5 ; — la philosophie ne se préoccupe guère que des genres et des espèces dans la classification des êtres, 77 ; — ses égards pour la science, 82-83 ; — elle-même est vraiment une science, 200 *n.*; — elle est nécessaire à la science et très utile à la foi, 255 et suivantes ; — ses légitimes progrès, 256 et suiv. ; — son accord possible et facile avec la vraie science moderne, 259 et suiv. ; — méthode à observer pour la cultiver avec fruit, 261 et suivantes.

PLAISIR : — sa source et son rôle moral, 157-158.

PLANTE : — si elle est absolument et spécifiquement au-dessous de l'animal, 181-182 ; — ses fonctions essentielles, 183 ; — voir VÉGÉTAL.

PLURALITÉ : — dans les corps, 28 ; — dans les esprits, *ibid.*

PLUS : — le plus ne peut sortir du moins par simple évolution, 50.

POSSIBILITÉ : — son rapport avec l'existence, 24.

POSSIBLE : — définition et nature, 11-12, 23.

PRÉTERNATUREL : — ce que c'est et comment il est produit, 145, 245-247 : — interventions suspectes ou mauvaises en cette matière, 249.

PRÉVISION : — sensitive ou intellective, 202-204.

PROBABILITÉ : — ce qu'elle est, 214-215.

PUISSANCE : — voir ACTE, AGENT, ÊTRE, MOUVEMENT, POSSIBILITÉ, RÉALITÉ, etc.

QUANTITÉ : — sa définition, 47 *n.*, 55 *n.*; — sa réalité, 55.

Raisonner : — ce que c'est en psychologie, 203.

Réaction : — ce que c'est en philosophie, 126, 146-147.

Réalité : — ce que c'est, 11-12.

Réflexes : — notion des actes ainsi appelés, 90 91.

Relations : — entre les personnes divines, 20 *n.*

Résistance : — voir Réaction.

Rien : — s'il est vrai que rien ne se crée ni ne se perd, 127, 170-172 ; — le prétendu rôle du néant dans la création, 240 ; — voir Néant.

Science : — sa nature, 3, 196 ; — sa division, 3 ; — ses rapports avec la philosophie, dans le passé, VII ; — dans le présent, VIII ; — analogie de leurs programmes, 4-5 ; — la science dépend en partie de la philosophie, 256 et suiv. ; — elle n'a rien à redouter de la restauration philosophique entreprise par Léon XIII, 257 et suiv. ; — légitime autonomie de la science, 269 ; — abus qu'elle doit éviter, 270 et suiv.

Sens, Sensation : — ce que c'est, 190 ; — externes ou internes, 191 ; — leurs limites, 202.

Simplicité : — en Dieu, 22-23 ; — dans les esprits créés, 23-24 ; — dans l'âme humaine, 98 et suiv.

Spontanéité : — dans la vie en général, 38-39 ; — dans l'évolution, 82-84.

Subjectivité : — de l'être, 10-11 ; — de la connaissance, 13.

Substance : — sa notion philosophique, 15-17 ; — ses rapports avec l'accident, *ibid.* ; — sa réalité et sa cognoscibilité, 18.

Superhomme : — s'il est possible que l'homme devienne un superhomme ou surhomme, 83-86.

Suppôt : — signification philosophique, 22, 32.

Supranaturel : — prudence et sagesse à observer à son sujet, 110-111 ; — surtout s'il est d'apparence mauvaise, *ibid.* ; — quel genre c'est d'opération, 145 ; — il est seulement préternaturel ou réellement surnaturel, 145 ; — sa définition, 246 *n.* ; — ses notes distinctives, 249.

Surnaturel : — ce que c'est, 145 ; — comment il faut l'apprécier, et comment Dieu le produit, 246-247.

Temps : — ce que c'est, 29 ; — il n'est pas infini, 47.

Thomas d'Aquin (S.) : — son rôle philosophique extraordinairement fécond dans le passé, 256 ; — son utilité pour le présent et l'avenir, 257 et suiv.

Totalité : — en Dieu, 22.

Transitif : — signification de ce terme, 146.

Unité : — dans les corps inorganiques, 28 ; — dans les corps organiques, 70 ; — dans les esprits finis, *ibid* ; — en Dieu, 23, 118, 238.

Végétal : — détermination philosophique de son essence, 65 ; — ses opérations propres, *ibid.* ; — végétal ou animal, *ibid.* ; — voir Plante.

Vie : — ce que c'est en général, 40-41 ; — la vie organique est substantielle, 68 ; — son unité et son âme, 69-70 ; — elle n'est pas absolument simple, 71 ; — les deux termes de son existence, 71-72 ; — hérédité et atavisme, 73-74 ; — divisibilité de cette même vie organique, 74 *n.* ; — ce que la vie humaine doit aux parents, 97 *n.* ; — à Dieu, *ibid.* ; — elle est substantielle et même substance, 98-99 ; — son origine, 103 ; — hérédité, atavisme, individuation, 104-107.

Volonté : — voir Appétition.

TABLE GÉNÉRALE.

PRÉFACE . . . . *VII*
PRÉLIMINAIRES. (*Théorème I*) 3

PREMIÈRE PARTIE.
L'ÊTRE.

CHAPITRE I.
THÉORIE GÉNÉRALE.

ARTICLE I. — Ce que c'est que l'Être. (*Théor. II*) . 9
» II. — L'Accident et la Substance. (*Th. III*) . 15
» III. — L'Unité et la Composition. (*Théor. IV*). 21
» IV. — Le Mouvement et la Vie. (*Th. V-VI*) . 33

CHAPITRE II.
QUESTIONS SPÉCIALES.

ARTICLE I. — La Matière Non-Vivante. (*Théor. VII-VIII*) 43
» II. — La Matière Vivante. (*Théor. IX-XI*) . 61
» III. — Le Composé Humain. (*Th. XII-XIII*). 85
» IV. — Les Esprits Angéliques et l'Esprit Divin. (*Théor. XIV*). 108

DEUXIÈME PARTIE.

L'ACTION.

CHAPITRE I.

THÉORIE GÉNÉRALE.

ARTICLE I.	— Ce que c'est que l'Action. *(Th. XV)*	125
» II.	— Les Éléments de l'Action. *(Th. XVI)*.	133
» III.	— Les diverses Sortes d'Actions. *(Théor. XVII)*.	140
» IV.	— Les Lois de l'Action. *(Théor. XVIII)*.	149

CHAPITRE II.

QUESTIONS SPÉCIALES.

ARTICLE I.	— L'Action Physico-chimique *(Th. XIX)*.	161
» II.	— L'Action Physiologique. *(Théor. XX)*.	173
» III.	— L'Action Humaine Cognoscitive. *(Th. XXI-XXVI)*	185
» IV.	— L'Action Humaine Appétitive. *(Théor. XXVII-XXVIII)*.	216
» V.	— L'Action Angélique et l'Action Divine. *(Théor. XXIX)*	235

CONCLUSION. *(Paroles de Léon XIII)* 255

TABLE ANALYTIQUE. 287

Imp. par Desclée, De Brouwer et Cie, Lille. — 14.133.

DU MÊME AUTEUR :

Cours de Théologie catholique. — I. LOGIQUE SURNATURELLE, 2 volumes gr. in-8º. — II. MORALE SURNATURELLE, 3 volumes gr. in-8º. (Le 4ᵉ et dernier paraîtra prochainement, et sera suivi de la MÉTAPHYSIQUE SURNATURELLE.)

Traité de la Sainte Écriture d'après Sa Sainteté Léon XIII, 1 volume in-12, (sera prochainement réimprimé).

L'Objet de la foi, 1 broch. in-8º.

Pensées et Opuscules de Pascal, suivant le plan réel de Pascal, et avec de très nombreuses notes de l'éditeur, 1 volume in-8º.

Le Docteur Angélique Saint Thomas d'Aquin, 1 volume in-8º, avec nombreuses gravures.

www.ingramcontent.com/pod-product-compliance
Lightning Source LLC
Chambersburg PA
CBHW060414170426
43199CB00013B/2139